KLAUSUREN
für Lehrkräfte

D1986752

Geographie

Gymnasium · Gesamtschule
NRW

STARK

Inhalt

Klausuren für die Qualifizierungsphase

Farbkarten

Autoren

Rainer Koch (Hg.): Theorie
Sandra Böker: Klausuren 4, 7
Marcus Hillerich: Klausuren 2, 5, 6
Horst Michler: Klausuren 1, 3, 8

Vorwort

Liebe Kollegin, lieber Kollege,

nach der Klausur ist vor der Klausur! Dieses Motto gilt nicht nur für die Schülerinnen und Schüler, sondern auch für uns Lehrerinnen und Lehrer. Wegen des umfangreichen Materialteils stellt sich das Entwickeln von Klausuren im Fach Geographie besonders zeit- und arbeitsaufwendig dar. Aus diesem Grund möchten wir Ihnen im ersten Teil dieses Bandes mit einem **praktischen Leitfaden und vielen erprobten Tipps** das nötige Werkzeug für die Klausurerstellung in den drei Jahrgangsstufen der Sekundarstufe II in die Hand geben.

Im zweiten Teil finden Sie konkrete und **aktuelle Klausurbeispiele**, passend zu den sieben Inhaltsfeldern des Kernlehrplans. Zwei Klausuren sind ausgerichtet auf das Anforderungsniveau der Einführungsphase, sechs weitere Klausuren können Sie in Ihrem Grundkurs oder Leistungskurs einsetzen.

Jede Klausur will korrigiert werden. Lust und Frust dieser Arbeit ist Ihnen bestimmt nicht fremd. Eine Hilfe bieten hier die punktgestützten **Erwartungshorizonte zu jeder Klausur.**

Die **STARK Klausuren für Lehrkräfte** möchten Sie im Alltag beim **professionellen Planen und Konzipieren von Klausuren** entlasten und Ihren Schülern bessere Ergebnisse ermöglichen, nicht zuletzt im Zentralabitur. Und vergessen Sie nicht: Ihre Schüler schreiben in der Oberstufe meist zum ersten Mal Klausuren im vorher „mündlichen" Fach Geographie.

Das Buch eignet sich auch, um innerhalb der Fachschaft gemeinsame Standards zu diskutieren und festzulegen. In diesem Sinne kann es auch einen Beitrag zur Schulentwicklung leisten.

Die Autoren dieses Bandes und der Verlag wünschen Ihnen **viel Erfolg** beim Einsatz der Klausuren im Unterricht und bei der weiteren Klausurerstellung!

Info

Am Ende des Bandes finden Sie **Kopiervorlagen für die im Materialteil enthaltenen Farbkarten**! Die Klausuren inklusive der Farbkarten können Sie auch direkt aus dem *Download-Bereich* ausdrucken!

Dort finden Sie auch einen Musterbewertungsbogen für die **Erstellung eigener Erwartungshorizonte** zum schnellen Herunterladen und einfachen Bearbeiten.

THEORIE

1 Schulrechtliche Vorgaben

1.1 Anzahl und Dauer der Klausuren in der Oberstufe

Da Erdkunde in der Sek. I bis auf die Kurse der differenzierten Mittelstufe ein sogenanntes „mündliches" Fach ist, schreiben viele Schülerinnen und Schüler (im Folgenden: Schüler) in der Oberstufe im Fach Geographie zum ersten Mal Klausuren. Die Bearbeitungsdauer nimmt entsprechend dem **allmählich steigenden Kompetenzniveau** schrittweise zu. Anzahl und Komplexität der zu bearbeitenden Materialien sollten folglich in der Einführungsphase (EF) geringer sein als in der Qualifikationsphase (Q 1/Q 2), ebenso das Anforderungsniveau. Es gilt, die **Schüler nach und nach an das Abschlussniveau im Zentralabitur heranzuführen**.

In der Summe schreibt jeder Abiturient neun bis elf Klausuren vor dem Abitur. Ob in der Einführungsphase eine oder zwei Klausuren zu lösen sind, entscheidet die Fachkonferenz.

Anzahl und Dauer der Klausuren in der Oberstufe

		Anzahl	Dauer
Grundkurs**	EF/1. Halbjahr	1–2*	2 Unterrichtsstunden
	EF/2. Halbjahr	1–2*	2 Unterrichtsstunden
	Q 1/1. Halbjahr	2	2–3 Unterrichtsstunden*
	Q 1/2. Halbjahr	2	2–3 Unterrichtsstunden*
	Q 2/1. Halbjahr	2	3 Unterrichtsstunden
	Q 2/2. Halbjahr	1	3 Zeitstunden im 3. Abiturfach
	Abitur		30 Min. Auswahlzeit + 3 Zeitstunden
Leistungskurs**	Q 1/1. Halbjahr	2	3–4 Unterrichtsstunden*
	Q 1/2. Halbjahr	2	3–4 Unterrichtsstunden*
	Q 2/1. Halbjahr	2	4–5 Unterrichtsstunden*
	Q 2/2. Halbjahr	1	4,25 Zeitstunden
	Abitur	1	30 Min. Auswahlzeit + 4,25 Zeitstunden

Anmerkungen
* Entscheidung durch die Fachkonferenz
** In der Qualifikationsphase muss eine Klausur unter Abiturbedingungen geschrieben werden (s. u.).

Quellen: BASS 13–32 Nr. 3.1/3.2 § 14; www.standardsicherung.schulministerium.nrw.de

In der **Q 2** (1. oder 2. Halbjahr) muss in den Abiturfächern **eine der Klausuren unter Abiturbedingungen** geschrieben werden. Das bedeutet u. a., dass Sie den Schülern ermöglichen müssen, zwischen mindestens zwei Klausuren auszuwählen. Alle Themen dieser Klausuren müssen dabei aus dem Kurshalbjahr stammen, in dem die Klausur geschrieben wird. Die Klausuren müssen sich bzgl. der inhaltlichen Schwerpunkte deutlich unterscheiden und auf verschiedene Raumbeispiele beziehen. Es liegt nahe, die Klausur unter Abiturbedingungen bereits im 1. Halbjahr der Q 2 zu stellen, weil der Stoffumfang im kürzeren 2. Halbjahr begrenzt ist (siehe auch S. 14 f.).

In der Qualifikationsphase wird, wenn die Schule dies entsprechend festlegt, eine Klausur durch eine **Facharbeit** ersetzt; diese kann, muss aber nicht im Fach Geographie geschrieben werden.

1.2 Die Inhaltsfelder des Kernlehrplans Sek. II

Von den insgesamt sieben **Inhaltsfeldern** müssen Sie laut Vorgabe des Kernlehrplans Geographie für die Sekundarstufe II Gymnasium/Gesamtschule in Nordrhein-Westfalen (Düsseldorf 2013) die beiden ersten im Jahr der Einführungsphase behandeln. Die Reihenfolge der Inhaltsfelder 3 bis 7 legt Ihre Fachkonferenz fest; sie bilden die Grundlage der Abiturprüfung. Die in der folgenden Tabelle genannten **allgemeingeographischen Hauptaspekte** werden in der **Unterrichtspraxis** häufig gewählt; sie liefern mögliche Themen für Ihre Klausuren.

Einführungsphase

Inhaltsfeld	Inhaltliche Schwerpunkte	Im Unterricht oft gewählte Hauptaspekte
1	**Lebensräume und deren naturbedingte sowie anthropogen bedingte Gefährdung** • Landschaftszonen als räumliche Ausprägung des Zusammenwirkens von Klima und Vegetation sowie Möglichkeiten zu deren Nutzung als Lebensräume • Gefährdung von Lebensräumen durch geotektonische und klimaphysikalische Prozesse • Leben mit dem Risiko von Wassermangel und Wasserüberfluss	• Nutzung und Gefährdung des tropischen Regenwaldes • Desertifikation und ihre wirtschaftlichen und sozialen Folgen • Hochwasserrisiken als Folge anthropogenen Handelns • Bedeutung des Geopotenzials für die Entwicklung eines Landes • Zukunftsfähigkeit der Landwirtschaft in Trockenräumen • Überfischungsrisiko in den Weltmeeren • Globaler Klimawandel und seine Auswirkungen • Übernutzung von Räumen
2	**Raumwirksamkeit von Energieträgern und Energienutzung** • Fossile Energieträger als Motor für wirtschaftliche Entwicklungen und Auslöser politischer Auseinandersetzungen • Möglichkeiten und Grenzen der Nutzung regenerativer Energien als Beitrag nachhaltigen Ressourcen- und Umweltschutzes	• Begrenzte Reichweiten fossiler Energieträger – Konsequenzen für Förder- und Abnehmerländer • Neue Fördermethoden wie Fracking und ihre Risiken • Nutzung fossiler vs. regenerativer Energien • Energievorkommen als Standortfaktor • Steigende globale Energienachfrage und ihre Konsequenzen • Globaler Handel mit Energierohstoffen • Nachwachsende Energierohstoffe vs. Ernährungssicherung • Nachhaltiger Ressourcen- und Umweltschutz

Qualifikationsphase

Inhaltsfeld	Inhaltliche Schwerpunkte	Im Unterricht oft gewählte Hauptaspekte
3	**Landwirtschaftliche Strukturen in verschiedenen Klima- und Vegetationszonen** • Landwirtschaftliche Produktion in den Tropen vor dem Hintergrund weltwirtschaftlicher Prozesse • Intensivierung der landwirtschaftlichen Produktion in der gemäßigten Zone und in den Subtropen • Landwirtschaft im Spannungsfeld zwischen Ressourcengefährdung und Nachhaltigkeit	• Agrarkolonisation – Chancen und Risiken • Aktuelle Agrarprojekte in Entwicklungsländern und Trockenräumen • Aquakulturen als Gegenstrategie zur Überfischung der Weltmeere? • Die vier Phasen der Industrialisierung der Landwirtschaft • Nachhaltige Landwirtschaft • Flächenkonkurrenz: Energiegewinnung vs. Ernährung der Weltbevölkerung • Landgrabbing – Akteure, Ziele, Perspektiven • Globalisierung der Landwirtschaft • Ökologische Landwirtschaft
4	**Bedeutungswandel von Standortfaktoren** • Strukturwandel industriell geprägter Räume • Herausbildung von Wachstumsregionen	• Bedeutungswandel von Standorten der Eisen- und Stahlindustrie • De-Industrialisierungsvorgänge in Schwerindustrieregionen • Interdependenzen von wirtschaftlichem und sozialem Strukturwandel • Regionale Disparitäten als Folge von Standortgunst und -ungunst • Re-Industrialisierungsprojekte in Altindustriegebieten • Standortwandel vor dem Hintergrund modernen Transport- und Verkehrswesens • Virtuelle Fabriken im Zeitalter der Informationstechnologie • Wachstumspol-Förderung als Versuch regionaler Impulsgebung
5	**Stadtentwicklung und Stadtstrukturen** • Merkmale, innere Differenzierung und Wandel von Städten – Metropolisierung und Marginalisierung als Elemente eines weltweiten Verstädterungsprozesses • Demographischer und sozialer Wandel als Herausforderung für zukunftsorientierte Stadtentwicklung	• Demographischer Wandel und seine Auswirkungen • Fragmentierung der Stadt, u. a. in Form von Gated Communities • Global Cities – Merkmale und Funktion • Marginalisierung und Metropolisierung als aktuelle Vorgänge in Entwicklungsländern • Migrationsprozesse im 21. Jh. – Hintergründe und Perspektiven • Revitalisierung der Kern-/Innenstädte • Städtische Leitbilder und ihr Wandel im 20. und 21. Jh. • Städtischer Wandel durch Gentrifizierung • Stadtumbau in Deutschland

6	**Sozioökonomische Entwicklungsstände von Räumen** • Merkmale und Ursachen räumlicher Disparitäten • Demographische Prozesse in ihrer Bedeutung für die Tragfähigkeit von Räumen • Strategien und Instrumente zur Reduzierung regionaler, nationaler und globaler Disparitäten	• Bevölkerungsprognosen und ihre Folgen für die Stadt- und Raumplanung • Demographische Prozesse und ihre Folgen • Erklärungsansätze für Unterentwicklung • Leitbilder künftiger Ressourcengerechtigkeit • Migrationsprozesse im 21. Jh. – Push- und Pull-Faktoren • Produktionssysteme: traditionell, räumlich gegliedert, virtuell • Raumplanung: Strategien und Instrumente • Regionale, internationale und globale Disparitäten • Entwicklung der Terms of Trade im Zeitalter der Globalisierung • Wachstums- und Entwicklungstheorien
7	**Dienstleistungen in ihrer Bedeutung für Wirtschafts- und Beschäftigungsstrukturen** • Entwicklung von Wirtschafts- und Beschäftigungsstrukturen im Prozess der Tertiärisierung • Wirtschaftsfaktor Tourismus in seiner Bedeutung für unterschiedlich entwickelte Räume	• Ferntourismus und seine Bedeutung für die Zielregionen • Tertiärisierungsprozesse wie Hightech-Clusterbildung in ihrer Bedeutung für zukunftsfähige Wirtschaftsentwicklung • Transport- und Logistikwesen als Impulsgeber für Strukturwandel und Wirtschaftswachstum • Unterschiedliche Tourismusformen und ihre Raumrelevanz • Von der Dienstleistungs- zur Informationsgesellschaft • Wirtschaftsfaktor Tourismus: Bedeutung für unterschiedlich entwickelte Räume • Wissenschafts- und Technologieparks in ihrer Bedeutung für zukunftsfähige Raumentwicklung

Die Fokussierungen für die Abiturprüfung

Beachten Sie in der Qualifikationsphase die vom Schulministerium vorgegebenen „**Fokussierungen**" für den jeweiligen Abiturjahrgang; diese Pflichtelemente müssen Sie im Unterricht besprechen. Da sich die Klausuren der Oberstufe zwingend auf den im jeweiligen Kursabschnitt behandelten Unterrichtsstoff beziehen müssen, werden demnach auch alle sieben Inhaltsfelder jeweils einmal in einer Ihrer Oberstufenklausuren berücksichtigt. Entsprechend finden Sie im **Klausurenteil** hierfür je ein vollständiges **Beispiel**, an dem Sie sich orientieren oder das Sie übernehmen können.

Tipp Prüfen Sie zusammen mit den übrigen Mitgliedern der Fachkonferenz Erdkunde/Geographie am Ende der Sommerferien, ob sich bzgl. der Fokussierungen des in drei Jahren anstehenden Abiturs im Vergleich zu den beiden nächsten Abiturjahrgängen etwas ändert. Falls ja, müssen Sie dies für den betroffenen Jahrgang in Ihr schuleigenes Fachcurriculum integrieren und ggf. eine ältere Fokussierung dafür streichen.

2 Elemente einer Klausur im Fach Geographie

2.1 Die Suche nach einer allgemeingeographischen Themenformulierung

Leiten Sie das **Thema** einer Klausur von den **inhaltlichen Schwerpunkten** und den **Sach- und Urteilskompetenzformulierungen** des jeweiligen Inhaltsfeldes ab. Unter den Sach- und Urteilskompetenz-Erläuterungen finden Sie Stichpunkte zu allen Inhaltsfeldern, die Ihnen die Themenfindung erleichtern. Für das Inhaltsfeld 4 sind dies u. a. „Reindustrialisierung", „Tertiärisierung", „moderne Produktions- und Logistikbetriebe", „Sonderwirtschaftszonen" und „Freihandelszonen" (vgl. Kernlehrplan Geographie Sek. II, S. 29 f.).

Themen-Beispiele aus dem Zentralabitur NRW 2014–2017

Inhaltsfeld	Thema
3	• Aktuelle Entwicklungen im Agrarsektor von Entwicklungsländern • Energiepolitik als Auslöser agrarstruktureller Veränderungen? • Strukturen landwirtschaftlicher Produktion in dicht besiedelten Ländern
4	• Industriestandorte zwischen privatwirtschaftlicher Standortentscheidung und staatlicher Lenkung • Zukunftsfähige Raumentwicklung durch Standortentscheidungen in der globalisierten Automobilindustrie?
5	• Aktuelle Stadtentwicklungsprozesse in Deutschland (Großwohnsiedlungen) • Sozialräumliche Strukturen und Prozesse in nordamerikanischen Städten
5+6	• Sozialräumliche Entwicklungsprozesse in europäischen Metropolen
6	• Rohstoffförderung als Impuls für eine zukunftsfähige Entwicklung?
7	• Wissenschafts- und Technologieparks als Impulsgeber im Strukturwandel? • Der Wirtschaftsfaktor Fremdenverkehr in seiner Bedeutung für Zielregionen • Zukunftsfähige Regionalentwicklung durch touristische Großprojekte?

Die geforderte **materialgebundene Problemerörterung** können Sie entweder bereits in das Thema integrieren und dieses als Frage formulieren (siehe Themenbeispiele aus dem Zentralabitur) oder in der letzten Teilaufgabe aufnehmen (z. B. Bewerten Sie …).

2.2 Was ist eigentlich ein „geeigneter Raum"?

Der in der Klausur zu untersuchende Raum soll für die Schüler in der Regel **unbekannt** sein. Anhand eines **Fallbeispiels** sollen Ihre Schüler die im Unterricht erarbeiteten allgemeingeographischen Einsichten mit verschiedenen inhaltlichen Schwerpunkten in Beziehung setzen. Hierbei geht es nicht darum, im Unterricht nicht behandelte (Groß-)Räume kompensatorisch untersuchen zu lassen, sondern die **Sach-, Methoden- und Urteilskompetenz** Ihrer Schüler zu überprüfen.

Wählen Sie deshalb einen Raum, der innerhalb der zur Verfügung stehenden Bearbeitungszeit **erfassbar** ist. Zu große Räume wie ganze Staaten oder gar Kontinente sind hierfür ebenso ungeeignet wie die Untersuchung sehr heterogen strukturierter Gesamtregionen, z. B. des Ruhrgebietes.

Tipp Mit dem Zusatz in Ihrer Themenformulierung „– Das Beispiel X" benennen Sie den gemeinten Raum eindeutig.

Beispiele für eine geeignete Raumauswahl aus dem Zentralabitur NRW 2015–2017

Geographischer Hauptaspekt	Raumauswahl	
Strukturwandel	*Nicht:* *Sondern:*	Saarland Neunkirchen
Logistik- und Transportwesen	*Nicht:* *Sondern:*	Ruhrgebiet Duisburger Hafen
Agrarentwicklung	*Nicht:* *Sondern:*	Mali Region „Office de Niger"
Tertiärisierungsprozess	*Nicht:* *Sondern:*	Groß-Berlin Berlin-Adlershof
Entwicklungslandprobleme	*Nicht:* *Sondern:*	Pakistan Karachi
Agrarstrukturelle Veränderungen	*Nicht:* *Sondern:*	Landwirtschaft in den USA Maisanbau in Iowa
Nordamerikanische Stadtentwicklung	*Nicht:* *Sondern:*	Vancouver Downtown Eastside Vancouver
Zukunftsfähige Raumentwicklung	*Nicht:* *Sondern:*	Mexiko Puebla
Aktuelle Entwicklungen im Agrarsektor	*Nicht:* *Sondern:*	Laos Provinz Luang Namtha
Sozialräumliche Entwicklungsprozesse	*Nicht:* *Sondern:*	Wien Stadtteil Wien-Ottakring

2.3 Was ist bei der Aufgabenstellung zu beachten?

In NRW müssen Sie eine Geographie-Klausuraufgabe als sogenannte **geschlossene Aufgabe** konzipieren. Dies bedeutet, dass die einzelnen Teilaufgaben zusammen mit dem Materialteil ein auf die Themenstellung bezogenes Ganzes bilden. Dies ist nur dann möglich, wenn der Bezugsraum jeweils derselbe ist.

Im Zentralabitur wird eine mehrteilige, in der Regel **dreiteilige Aufgabenstellung** vorgelegt. Eine Aufgabe, die lediglich die Arbeitsanweisung „Analysieren Sie den Raum" aufweist, ist somit unzulässig, da die Schüler in methodischer Hinsicht überfordert wären. Zwar kommt „Analysieren" in der **Operatoren-Liste** vor (vgl. S. 8 f.); seit Einführung des Zentralabiturs im Jahr 2007 ist dieser Operator jedoch kein einziges Mal verwendet worden. Da er den Anforderungsbereichen II und III zugeordnet ist, würde er bei dreigliedrigen Aufgabenstellungen die dritte Teilaufgabe einleiten.

Tipp

1. Wählen Sie für alle Teilaufgaben denselben Bezugsraum.
   Also nicht: Raumbezug Kalkutta in Teilaufgabe 1, Indien in Teilaufgabe 2 und Asien in Teilaufgabe 3
   Sondern: **jeweils** Kalkutta
2. Nehmen Sie bei der Formulierung von Teilaufgaben keine Ergebnisse vorweg.
   Also nicht: „Erläutern Sie, warum sich die nördliche Emscher-Zone zu einer strukturschwachen Zone entwickelt hat."
   Sondern: „Erläutern Sie die wirtschaftliche und soziale Entwicklung der nördlichen Emscher-Zone."
3. Verzichten Sie in Ihren Klausuren auf den Operator „analysieren".

2.4 Leicht, mittel, schwer – die drei notwendigen Anforderungsbereiche

Bei der mündlichen wie schriftlichen Überprüfung des Kompetenzstandes und -zuwachses müssen Sie grundsätzlich Anforderungen in allen drei Anforderungsbereichen AFB I–III stellen. Diese werden in den bundesweit gültigen **Einheitlichen Prüfungsanforderungen in der Abiturprüfung** (EPA) erläutert. Sie sind sowohl für die Aufgabenstellung und die in ihr enthaltenen Operatoren wichtig als auch für die Bewertung der erbrachten Leistungen.

Damit Ihre Klausur nicht zu leicht (zu viel AFB I) bzw. nicht zu schwierig ist (zu viel AFB III), **müssen Anforderungen des mittleren Anforderungsniveaus AFB II den Schwerpunkt bilden**. Sie erreichen dies, indem Sie den Materialteil so gestalten und die Teilaufgaben so formulieren, dass Sie von Ihren Schülern überwiegend die Anordnung, Verarbeitung, Erklärung und Darstellung von Sachverhalten unter vorgegebenen Gesichtspunkten sowie die Übertragung und Anwendung von Gelerntem auf vergleichbare neue Zusammenhänge und Sachverhalte einfordern (vgl. Kernlehrplan Sek. II, S. 51).

Nach dem **Prinzip der gesteigerten Anforderungen** müssen Sie die Anforderungen von der ersten bis zur dritten Teilaufgabe erhöhen, indem Sie von den Schülern zunächst die Lokalisation des Untersuchungsraumes und die Beschreibung des benannten Sachaspektes verlangen (niedrige Anforderung), danach Erläuterungen oder Erklärungen (mittlere Anforderung) sowie abschließend eine Beurteilung oder eine eigene begründete Stellungnahme (höchste

Anforderung). Jede Arbeitsanweisung sollte nur **einen einzigen Operator** enthalten, damit die Anforderung und die Bearbeitungsrichtung eindeutig sind. Falls Sie den Untersuchungsraum zunächst räumlich einordnen lassen wollen, müssen Sie in Teilaufgabe 1 mit „Lokalisieren Sie …“ oder einer ähnlichen **Verortungsaufforderung** in dieser Teilaufgabe **einen zweiten Operator** vorschalten.

BEISPIEL

Aktuelle Entwicklungen im Agrarsektor von Entwicklungsländern – Das Beispiel der Provinz Luang Namtha, Laos

- *Lokalisieren Sie Laos und kennzeichnen Sie die Lage sowie den Entwicklungsstand der laotischen Provinz Luang Namtha um 2005.*
- *Erläutern Sie jüngere agrarwirtschaftliche Entwicklungen in der Provinz Luang Namtha.*
- *Nehmen Sie kritisch Stellung zu Chancen und Risiken dieser Entwicklungen.*

Verdeutlichen Sie im Unterricht, was eine **„aufgabenbezogene“ räumliche Einordnung** ist. Diese wird bei einer Aufgabe mit dem Themenbezug „Landwirtschaft in den Subtropen“ deutlich anders ausfallen als bei einem stadtgeographischen Thema mit dem Schwerpunkt „Gentrifizierung im Stadtteil X“.

Tipp Wählen Sie als grobes Gliederungsprinzip:

1. Lokalisieren Sie … und kennzeichnen Sie …
2. Erläutern Sie …
3. Beurteilen Sie … **oder** Nehmen Sie kritisch Stellung zu …

2.5 Operation „Operator“

Im Fach Geographie gibt es **17 Operatoren**, die in der schriftlichen Abiturprüfung verwendet werden dürfen. Diese eindeutig definierten Verben steuern für die Schüler die von ihnen erwartete Bearbeitung und das damit verbundene Anforderungsniveau. Eine eindeutige Trennung der Teilaufgaben nach den drei Anforderungsbereichen ist hierbei nicht immer möglich, da ein Teil der Operatoren zwei Anforderungsbereiche abdeckt.

Tipp

1. Geben Sie Ihren Schülern so früh wie möglich die Liste mit den Operatoren. Besprechen Sie ausführlich die Definitionen und führen Sie im Unterricht nach und nach Beispiele dafür an. Weisen Sie darauf hin, dass es in anderen Fächern gleichlautende Operatoren gibt, deren Bedeutung oft anders ist.
2. Benutzen Sie bei schriftlichen Arbeitsanweisungen (Hausaufgaben, Gruppenarbeit o. a.) und in Klausuren ab der Einführungsphase nur Operatoren aus dieser Liste. Auf diese Weise gewöhnen Sie Ihre Schüler von Anfang an hieran.

Operatoren im Fach Geographie

AFB	Operator	Definition
I	**nennen**	Informationen/Sachverhalte ohne Kommentierung wiedergeben
I–II	**beschreiben**	Materialaussagen/Sachverhalte mit eigenen Worten geordnet und fachsprachlich angemessen wiedergeben
	darstellen	aus dem Unterricht bekannte oder aus dem Material entnehmbare Informationen und Sachzusammenhänge geordnet (grafisch, verbal) verdeutlichen
	lokalisieren	Einordnen von Fall-/Raumbeispielen in bekannte topographische Orientierungsraster
II	**einordnen/ zuordnen**	einem Raum/Sachverhalt auf der Basis festgestellter Merkmale eine bestimmte Position in einem Ordnungsraster zuweisen
	kennzeichnen	einen Raum/Sachverhalt auf der Basis bestimmter Kriterien begründet charakterisieren
	erläutern	Sachzusammenhänge mithilfe ergänzender Informationen verdeutlichen
	erklären	Begründungszusammenhänge, Voraussetzungen und Folgen bestimmter Strukturen und Prozesse darlegen
II–III	**analysieren**	komplexe Materialien/Sachverhalte in ihren Einzelaspekten erfassen mit dem Ziel, Entwicklungen/Zusammenhänge zwischen ihnen aufzuzeigen
	vergleichen	Gemeinsamkeiten und Unterschiede zwischen (vergleichbaren) Strukturen/Prozessen erfassen und kriterienbezogen verdeutlichen
	anwenden	Theorien/Modelle/Regeln mit konkretem Fall-/Raumbeispiel/Sachverhalt in Beziehung setzen
III	**erörtern**	einen Sachverhalt unter Abwägen verschiedener Pro- und Kontra-Argumente klären und abschließend eine schlüssige Meinung entwickeln
	(kritisch) Stellung nehmen	unter Abwägung unterschiedlicher Argumente zu einer begründeten Einschätzung eines Sachverhalts/einer Behauptung gelangen
	überprüfen	(Hypo-)Thesen/Argumentationen/Darstellungsweisen auf ihre Angemessenheit/Stichhaltigkeit/Effizienz hin untersuchen
	beurteilen/ bewerten	auf der Basis von Fachkenntnissen/Materialinformationen/eigenen Schlussfolgerungen unter Offenlegung/Reflexion der angewendeten Wertmaßstäbe zu einer sachlich fundierten, qualifizierenden Einschätzung gelangen/eine begründete, differenzierte eigene Meinung entwickeln

Quelle: https://www.standardsicherung.schulministerium.nrw.de/cms/zentralabitur-gost/faecher/getfile.php?file=3943

2.6 Die optimale Materialzusammenstellung

Die entscheidende Grundlage für jede Geographieklausur ist die geschickte **Zusammenstellung jeweils verschiedener Materialtypen** im Sinne eines Materialmixes.

Quantitative Materialempfehlungen

		Materialanzahl	Besonderheiten
EF		**bis 6**	kein Modell, ggf. einfaches Schema in der 2. Klausur
Q 1	**GK**	**bis 8**	ggf. mit Modell/theoretischem Bezug
	LK	**bis 10**	ggf. mit Modell/theoretischem Bezug
Q 2	**GK**	**8**	ggf. mit Modell/theoretischem Bezug
	LK	**10**	ggf. mit Modell/theoretischem Bezug

Aktualität

Unverzichtbar sind **aktuelle Materialien**, die dem Schüler einen mit der Wirklichkeit weitgehend übereinstimmenden Eindruck von Raum und Thema vermitteln. Besonders Wirtschafts- und Sozialdaten weisen ein hohes Verfallstempo auf, sie gelten i. d. Regel nach fünf Jahren als veraltet. Für die Auswertung von Entwicklungen und Trends bedarf es natürlich im Rahmen von Zahlenreihen auch älterer Daten.

Tipp Nehmen Sie für den jeweils jüngsten Wert grundsätzlich Angaben, die nicht älter als fünf Jahre sind.

Homogene Zeitstruktur im Materialteil

Im Rahmen der Klausurbearbeitung hat der Schüler den Auftrag, Zusammenhänge, Wechselbeziehungen u. a. aufzuzeigen und zu bewerten. Für die Zusammenstellung des Materialteils bedeutet dies, dass die einzelnen Materialien **Aussagen zu möglichst identischen Zeitpunkten** erlauben sollen. Nicht immer wird man sämtliche statistische oder kartographische Angaben zu ein und demselben Jahr finden; dies sollte jedoch so weit wie möglich angestrebt werden, um dem Schüler eine zuverlässige Auswertung zu ermöglichen.

Tipp Lassen sich keine Angaben zu einem bestimmten Zeitpunkt finden, so wählen Sie in Ihren Materialüberschriften statt einzelner Jahreszahlen („… im Jahr 2016") kurze Zeiträume (z. B. „2013–2017") und eröffnen dem Schüler so die Möglichkeit, Zustände und Entwicklungen ohne ständiges „Springen" zwischen Jahreszahlen zu formulieren.

Übernahme von Materialüberschriften aus Quellen

Abbildungen aus Fachaufsätzen, Zeitungen oder aus anderen Veröffentlichungen enthalten oft Überschriften oder andere Textteile, die Aussagen vorwegnehmen, die der Schüler selbst erarbeiten soll. Die Kartenüberschrift „Phnom Penhs Lage am Tonle Sap Fluss und am Mekong" nimmt dem Schüler beispielsweise die Aufgabe einer Lokalisation weitgehend ab. Solche Überschriften sollten Sie ändern. Auch Formulierungen, die den Inhalt erläutern, sollten Sie entfernen.

BEISPIEL

Zum Thema „Demographischer Wandel" eines dargestellten Landes wird eine umfangreiche Tabelle oder ein Kurvendiagramm beigefügt, das übertitelt ist mit „Land X in der 3. Phase des demographischen Wandels". Aber eben diese Beurteilung, in welcher Phase sich das Land befindet, soll der Schüler ja gerade anhand der dargestellten Werte selbst vornehmen.

- *Also nicht: Überschrift aus der Quelle übernehmen*
- *Sondern: ergebnisoffene Formulierung wählen wie „Land X: Bevölkerungsentwicklung von 1998 bis 2016"*

Quellennachweise

Im Rahmen wissenschaftspropädeutischen Arbeitens halten Sie Ihre Schüler im Unterricht, u. a. auch bei eigenständigen Präsentationen und dem Anfertigen einer Facharbeit, zu einer exakten Quellenarbeit an. Setzen Sie deshalb unter die Materialien in Ihren Klausuren ebenfalls **korrekte Quellenhinweise**. Ihre Materialien können aus einer einzigen oder auch aus mehreren Quellen entnommen sein. Achten Sie darauf, nicht nur den Fundort (z. B. Schulbuch), sondern auch die (meist beim Material oder in einem Quellenverzeichnis angegebene) Originalquelle anzugeben, und fügen Sie bei Internetquellen den Hinweis „Letzter Zugriff am …" bei.

Karten und Luftbilder

Wichtige Elemente – und damit wird der Geographie als Raumwissenschaft erkennbar Rechnung getragen – sind **thematische Karten**. Ebenso besitzen (Schräg-)**Luftbilder** und **Satellitenbilder** materialbezogene Alleinstellungsmerkmale des Faches Geographie. Sie sollten also in Klausuren regelmäßig vorkommen.

Tipp Steigern Sie von der EF bis zur Q 2 das Anforderungsniveau, indem Sie Ihre Schüler zunächst eine einfache thematische Karte auswerten lassen und anschließend nach und nach die Anzahl und den Komplexitätsgrad von Karten und Luftbildern erhöhen.

Atlas

Der Atlas dient einerseits zur **räumlichen Einordnung**, andererseits bietet er anhand unterschiedlicher Kartentypen **vielfältige Informationen**. Wenn Sie wollen, dass Ihre Schüler über die räumliche Verortung hinaus bestimmte Atlaskarten intensiver auswerten, sollten Sie diese in der Materialliste anführen und im Rahmen der maximalen Materialanzahl mitzählen.

BEISPIEL

- *Auswertung nur bzgl. der räumlichen Verortung: M 1: Atlaskarten nach Wahl*
- *Auswertung im Hinblick auf den thematischen Karteninhalt: M 4: Atlas X, Karte Y, S. Z*

Diagramme

Die **grafische Darstellung** statistischer Angaben gehört zu den Standards im Fach Geographie, ebenso wie Tabellen mit Zahlenangaben und stichwortartig gereihten Kurzinformationen. Im Rahmen der Methodenkompetenz werden Sie Ihre Schüler so vorbereiten, dass diese die **unterschiedlichen Diagrammtypen** angemessen auswerten können.

Tipp

1. Integrieren Sie von der EF bis zur Q 2 nach und nach die unterschiedlichen Diagrammtypen in Ihre Klausuren. Steigern Sie dabei deren Komplexitätsgrad vom einfachen Balkendiagramm bis zum komplexen Punkt- oder Netzdiagramm.
2. Tabelleninformationen lassen sich meist leicht mithilfe von Excel in Diagramme umwandeln.

Abstrakte Darstellungen

Abstrakte Darstellungen wie **Schemata, Strukturdiagramme** oder **Modelle** zählen zu den oberstufengemäßen Materialien, die auch für Klausuren relevant sind. Integrieren Sie diese spätestens ab der Q 1 in Ihren Materialmix. Hierbei kann es sich sowohl um ein im Unterricht behandeltes Modell als auch um ein ähnliches oder thematisch verwandtes handeln.

Bei der Behandlung der einzelnen Inhaltsfelder bieten sich die nachfolgenden **Schemata und Modelle** an.

Relevante Modelle

Inhaltsfeld	Modell
1	Schema agrarer Ökosysteme Bodenfruchtbarkeit in Abhängigkeit von angepasster/unangepasster Nutzung Globaler Wasserkreislauf Nährstoffkreisläufe in unbewirtschafteten und bewirtschafteten Ökosystemen Sahel-Syndrom
2	Geofaktorenmodell Katanga-Syndrom Dreieck der Nachhaltigkeit
3	Desertifikationsschema Dreieck der Nachhaltigkeit Kreislauf der Integrierten Landwirtschaft Modell des Integrierten Landbaus Ökologischer Fußabdruck Ökologischer Rucksack Raubbau-Syndrom Tragfähigkeitsmodelle
4	Altlasten-Syndrom Bedeutungswandel von Standorten der Eisen- und Stahlindustrie (E. Kulke) Cluster-Modell (M. Porter) Leitbilder künftiger Ressourcengerechtigkeit Produktionssysteme: traditionell, räumlich gegliedert, virtuell Produktlebenszyklus (R. Vernon) Theorie der Wachstumspole

5	Favela-Syndrom Landflucht-Syndrom Stadtmodelle verschiedener Kulturkreise Stadtstrukturmodelle Suburbia-Syndrom System der Zentralen Orte (W. Christaller)
6	Entwicklung und Aufbau von Verkehrsnetzen in Entwicklungsländern (E. J. Taaffe et. al.) Globale Fragmentierung (F. Scholz) Kleine-Tiger-Syndrom Raumentwicklungsmodelle Raumplanungsmodelle Stadien der wirtschaftlichen Entwicklung eines Landes (W. W. Rostow) Teufelskreis der Armut Theorie der langen Wellen (N. Kondratieff) Zentrum-Peripherie-Modell (J. Friedmann)
7	Destinationslebenzyklus-Modell (R. Butler) Massentourismus-Syndrom Modell der raum-zeitlichen Entfaltung des Fremdenverkehrs (K. Vorlaufer) Sektorenmodell der Wirtschaft (J. Fourastié) Typen globaler Warenketten (G. Gereffi)

Tipp Abstrakte Darstellungen stellen per se aufgrund ihres Komplexitätsgrades eine Anforderung aus dem AFB III dar und bieten gute Bezugsmöglichkeiten für dritte Teilaufgaben.

Texte

Im eigentlichen Sinne gehören Texte nicht zu den fachspezifischen Materialien des Faches Geographie, da die Kompetenzen zu ihrer Bearbeitung in den sprachlichen Fächern vermittelt werden. Bei rein darstellenden Texten besteht die Gefahr, dass der Schüler deren Inhalt weitläufig wiedergibt und damit keine eigenständige Leistung, weder gedanklich noch sprachlich, abliefert. Solche Passagen müssen ohne Wertung bleiben, obwohl sie den Schüler wertvolle Arbeitszeit gekostet haben. Der Verzicht auf solche Texte ist also durchaus im Sinne der Schüler.

Es gibt jedoch einige Textarten, die dieses bloße Nachschreiben verhindern: **Texte oder längere Zitate, die aus einer bestimmten Perspektive geschrieben wurden** (mit politischer, sozialer, weltanschaulicher, ökonomischer, ökologischer Aussageabsicht u. a.) oder die eine programmatische Aussage enthalten. Solche Texte sind geeignet, im Kontext von Beurteilungsfragen ausgewertet und u. a. mit anderen Aussagen des Materialteils verglichen zu werden.

Tipp
1. Lösen Sie Texte und Textausschnitte, die brauchbare Informationen zum Thema enthalten, auf, indem Sie Syntax und Verben streichen und diese durch Substantivierung in eine stichwortartige Übersicht bringen, ggf. nach Jahreszahlen gereiht. Auf diese Weise verhindern Sie ein bloßes Abschreiben. Der Schüler muss solche Elemente/Fragmente inhaltlich und sprachlich eigenständig in seine Ausführung integrieren.
2. Beschränken Sie die Anzahl von Texten soweit eben möglich.

2.7 Die Klausur in der Einführungsphase

Das Erstellen von Klausuren in der Einführungsphase erfordert behutsames Vorgehen. Es sind dies für die Schüler die ersten Klausuren im Fach Geographie, die sie schreiben, und der erste Klausurtermin ist oft bereits nach wenigen Wochen Unterricht angesetzt. Zudem beträgt die **Bearbeitungszeit** lediglich **zwei Unterrichtsstunden** (siehe Übersicht, S. 1). Andererseits aber sind alle **grundlegenden Vorgaben für Klausuren in der Oberstufe einzuhalten**: d. h., auch die Klausuren in der Einführungsphase haben eine dreigliedrige Aufgabenstellung, auch sie sind materialbezogen zu stellen und auch sie müssen alle drei Anforderungsbereiche umfassen.

Wie lässt sich dieses Problem lösen? Entscheidende Steuerungselemente sind **Umfang und Schwierigkeitsgrad des Materials**. Maximal sechs Materialien sollten Ihre EF-Klausuren enthalten. Jedes einzelne Material darf nicht zu komplex sein, auf Modelle sollten Sie weitgehend verzichten.

Tipp
1. Führen Sie die Schüler mit kleineren schriftlichen Übungen im Unterricht oder in Hausaufgaben schrittweise an die Teilaufgaben einer Klausur heran.
2. Sprechen Sie vor der ersten Klausur das Thema „Vorschreiben“ an. Es ist sinnvoll und notwendig, dass sich die Schüler Notizen an den einzelnen Materialien machen oder in wenigen Stichworten eine Gliederung aufschreiben. Das komplette Vorschreiben macht jedoch keinen Sinn, nicht zuletzt vor dem Hintergrund des begrenzten Zeitrahmens.

Überlegen Sie in Ihrer Fachschaft, ob Sie in der allerersten EF-Klausur ein Handout mit den Operatoren-Definitionen zulassen; spätestens ab der 2. EF-Klausur gehört deren Kenntnis dann zum Bereich der erworbenen **Methodenkompetenzen**.

2.8 Die Klausur unter Abiturbedingungen

Bei der Vorbereitung auf das Zentralabitur kommt der Klausur unter Abiturbedingungen eine besondere Bedeutung zu: Da im Abitur im Fach Geographie eine Auswahl zwischen drei Aufgaben vorgesehen ist, müssen Sie den Schülern auch in der Klausur unter Abiturbedingungen eine **Aufgabenauswahl** ermöglichen. Die Anzahl der Auswahlmöglichkeiten muss dabei nicht der im Abitur vorgesehenen entsprechen, es können in Geographie auch nur zwei sein.

- Inhaltlich beziehen sich alle von Ihnen zur Auswahl gestellten Klausuren auf den Unterricht des Halbjahres, in dem Sie diese Klausuren schreiben lassen. Sie dürfen sich also bei der Themenwahl nicht auf andere Kurshalbjahre beziehen.
- Die Dauer der Klausur unter Abiturbedingungen richtet sich nach den Vorgaben für die Abiturklausuren und beträgt dementsprechend 30 Min. Auswahlzeit + 4,25 Zeitstunden im LK bzw. 30 Min. Auswahlzeit + 3 Zeitstunden im GK (vgl. Übersicht, S. 1).
- Die Beurteilung müssen Sie auf der Basis des kriterienorientierten, punktgestützten Bewertungssystems vornehmen.

3 Der punktgestützte Erwartungshorizont

3.1 Wie formuliert man Lösungseinheiten?

In Ihren **punktgestützten Lösungserwartungen** legen Sie vorab die Bewertungskriterien fest, d. h., Sie definieren, welche **Bearbeitungsaspekte** (Indikatoren) Sie bezogen auf die einzelnen Teilaufgaben von Ihren Schülern verlangen. Außerdem **gewichten** Sie die **Teilleistungen**, indem Sie jedem Indikator einen **maximalen Punktwert** zuordnen. Die Punkte für jede Teilaufgabe weisen Sie in der Aufgabenstellung aus.

Ausgehend von dem gleichbleibenden Satzanfang „Der Schüler …“ formulieren Sie für jedes Item einen vollständigen Satz mit jeweils einem einzigen Verb, der einen **wesentlichen Auswertungsaspekt** enthält. Anschließend können mit „z. B.“ und/oder mit Aufzählungszeichen konkrete Gesichtspunkte sowie Materialbezüge aufgelistet werden.

BEISPIEL (für ein Item mit 4 Punkten)

Der Schüler verdeutlicht die problematische sozialräumliche Situation dieser Metropole (Karachi) eines Entwicklungslandes, z. B.:

- *mit einem Drittel großer Anteil von sozial Schwachen,*
- *mit 40 % sehr hoher Anteil der in Marginalsiedlungen lebenden Einwohner,*
- *aufgrund hoher Kriminalitäts- und Mordrate geringes Maß an persönlicher Sicherheit (M 5, M 7).*

In diesem Fall endet der eigentliche Satz mit dem Wort „Entwicklungslandes“. Sie legen durch die danach folgenden Details den Rahmen für die erwarteten Schülerergebnisse fest. Indem Sie den Detailerwartungen „**z. B.**“ voranstellen, drücken Sie aus, dass zum einen nicht alle der hinter den folgenden drei Spiegelstrichen formulierten Details für die Erreichung der Höchstpunktzahl 4 notwendig sind. Außerdem bedeutet „z. B.“, dass auch andere als die von Ihnen selbst angeführten Argumente/Belege genannt werden können, anhand derer die „problematische sozialräumliche Situation“ vom Schüler verdeutlicht wird. Mit „z. B.“ eröffnen Sie also für den Schüler **Ergebnisspielräume**, legen ihn nicht zu stark auf Ihre eigenen Gedanken fest.

Wenn Sie in einzelnen Items auf dieses „z. B.“ verzichten, so muss der Schüler zur Erreichung der Höchstpunktzahl dieses Items alle angeführten Detailaussagen liefern, wenngleich auch nicht in der von Ihnen gewählten Reihenfolge.

Tipp

1. Nutzen Sie einheitlich „z. B." oder „etwa", um dem Schüler individuelle Argumentationswege zu ermöglichen. Wählen Sie bewusst möglichst nicht dieselbe Anzahl von Bewertungspunkten und Spiegelstrichen in einem Item.
2. Bewährt haben sich insgesamt 19–23 Items für die Untergliederung der inhaltlich-methodischen Anforderungen einschließlich der „weiteren aufgabenbezogenen Kriterien".

Formulierung der Teilerwartungen im Bewertungsbogen

Im Rahmen der dreiteiligen Aufgabenstellung hat der Schüler die Operatoren zu beachten, die die Bearbeitungsrichtung vorgeben. Diese Bearbeitungsrichtung untergliedern Sie in Ihrem Erwartungshorizont in weitere Teilschritte und sachbezogene Teilaspekte, somit in **Teilerwartungen**. Hierfür benutzen Sie weitere Verben, die die Arbeitsschritte der Schüler verdeutlichen (siehe Muster-Erwartungshorizonte im Klausurenteil).

Operatoren im Erwartungshorizont

AFB	Operator	Verben, die einzelne Arbeitsschritte aufzeigen
I	**nennen**	–
I–II	**beschreiben**	gibt an, stellt fest, stellt dar, stellt heraus, zeigt auf, führt aus, hebt hervor, ermittelt, weist hin
	darstellen	stellt fest, stellt heraus, konkretisiert, gibt an, zeigt auf, weist auf … hin, macht deutlich, führt als Indikatoren an, verdeutlicht, charakterisiert, verknüpft mit, stellt Bezug her, ordnet ein
	lokalisieren	verortet, ordnet räumlich ein, ordnet räumlich zu
II	**einordnen/ zuordnen**	stellt Bezug her, gliedert ein
	kennzeichnen	zeigt auf, stellt heraus, stellt Merkmal fest, stellt Merkmal heraus, identifiziert, stellt (Beziehungen, Zusammenhang) her, verdeutlicht, ordnet ein (klimatisch, räumlich o. a.), charakterisiert, schlussfolgert
	erläutern/ erklären	zeigt auf, legt dar, weist auf … hin, belegt seine Aussagen, führt (Gründe) an, setzt (Aussagen) in Beziehung, stellt (sachlogische Beziehung) her, leitet aus … ab, verweist auf, zeigt als Folge auf, schlussfolgert, zieht den Schluss
II–III	**analysieren**	*sollte nach Möglichkeit als Operator vermieden werden, da dieser fast alle anderen Arbeitsschritte enthält und fordert*
	vergleichen	wendet Vergleichskriterien an, führt Gemeinsamkeiten/Unterschiede an, stellt Abweichungen, Gegensätze, Übereinstimmungen fest
	anwenden	stellt Bezüge her (z. B. zwischen einem konkreten Sachverhalt und einer Theorie), überträgt Aussagen (z. B. von einem Modell auf ein Raumbeispiel)

III	**erörtern**	stellt zunächst fest, legt dar, erschließt (aus Positiva, Negativa), stellt gegenüber, leitet ab, wägt ab, äußert sich begründet, hält entgegen, problematisiert, reflektiert (Arbeitsergebnisse), schlussfolgert, beantwortet Themafrage
	(kritisch) Stellung nehmen	weist auf ... hin, verdeutlicht, akzentuiert, merkt kritisch an, problematisiert, wendet ein, stellt abschließend fest
	überprüfen	stellt fest, stellt infrage, bestätigt, widerlegt, wägt ab, merkt kritisch an, schlussfolgert, bewertet abschließend, beantwortet Themafrage
	beurteilen/ bewerten	verdeutlicht, arbeitet Positiva und Negativa heraus, weist auf (u. a. Unterschiede, Bezüge, Wechselwirkungen) hin, geht kritisch ein auf, unterscheidet zwischen Beurteilungskriterien, problematisiert, merkt kritisch an, schlussfolgert, wägt ab, formuliert eigene Meinung (abschließend, schlüssig, begründet, differenziert), formuliert begründete Stellungnahme

Tipp

Benutzen Sie in Ihren Items keine Verben aus der Operatoren-Liste. Reservieren Sie diese quasi als **Oberbegriffe** für die Arbeitsanweisungen und nutzen Sie in den Items Verben aus der obenstehenden Tabelle.

Materialbezüge ausweisen

Führen Sie am Ende eines jeden Items in Klammern diejenigen **Materialnummern** an, denen die Aussagen zugeordnet werden können (siehe Beispiel für ein Item mit 4 Punkten, S. 15). Dies ist für Sie eine **Rückversicherung**, dass die Schüler Ihre Erwartungen auch materialgestützt erfüllen können. Geben Sie dort ggf. den Hinweis „**Unterrichtswissen**", falls es sich um Reproduktionen aus der vorangegangenen Unterrichtsreihe handelt.

Fordern Sie Ihre Schüler in der **Klausurvorbereitung** auf, am Ende von gedanklichen Abschnitten oder an wichtigen Einzelstellen ihrer Lösung Materialaussagen und Zitate zu belegen, indem sie die entsprechenden Materialnummern anführen. Machen Sie deutlich, dass einzelne Materialien durchaus mehrfach genutzt und angeführt werden können, da sie Aussagen zu verschiedenen Teilaufgaben ermöglichen.

3.2 Wie verteilt man die Punkte zu den Lösungseinheiten?

Basispunkte

Punktgestützte Bewertungsschlüssel kennzeichnen inzwischen die Klausurpraxis in NRW. Dabei orientieren sich die Fachschaften mit großer Mehrheit an der Punktvergabe im Zentralabitur: Von den **100 maximal erreichbaren Punkten** („Basispunkte") entfallen dort **80 auf die inhaltlich-methodische Leistung** und **20 Punkte auf die Darstellungsleistung** (Verhältnis 4 : 1). Auch dann, wenn Sie als Fachschaft etwa in der Einführungsphase weniger Punkte als

100 Basispunkte für eine Klausur vergeben möchten, sollten Sie das Verhältnis 4:1 beibehalten. Das bedeutet, dass Sie z. B. bei 60 Basispunkten für die inhaltlich-methodische Leistung 48 Punkte und für die Darstellungsleistung 12 Punkte vergeben sollten. Die Klausuren in diesem Band werden allesamt mit dem 100-Punkte-Ansatz bewertet.

Zuordnung der Punkte zu den Teilaufgaben

Seit 2010 kommen im Zentralabitur in NRW vor allem **dreiteilige Aufgaben** vor. Bei der Zuordnung der Punkte zu drei Teilaufgaben sollten Sie Folgendes berücksichtigen: Für die **erste Teilaufgabe** mit dem Schwerpunkt im AFB I sollten Sie in der Einführungsphase mehr Punkte vergeben als in der Q 1 und in der Q 2. Da der Großteil der Punkte dem mittleren Anforderungsbereich zuzuordnen ist, müssen Sie den höchsten Punktwert für die **zweite Teilaufgabe** vergeben; diese wird von einem Operator eingeleitet, der dem AFB II zuzuordnen ist. Sie sollten die anspruchsvollste **Teilaufgabe 3**, die einen Operator aus dem AFB III aufweist, ausgehend von der Einführungsphase nach und nach mit einer zunehmenden Punktzahl versehen. Grundsätzlich dürfen Sie nur ganze Punkte vergeben, auch bei der späteren Korrektur.

Empfehlung für die Punktvergabe

	Teilaufgabe 1	Teilaufgabe 2	Teilaufgabe 3
EF	28	30	22
Q 1	25	30	25
Q 2	22	30	28

BEISPIEL (für die Punktevergabe in der Qualifizierungsphase)
Zuordnung der Basispunkte in den drei Teilaufgaben der Klausur Nr. 4: 25 – 30 – 25 Punkte.

Zuordnung der Punkte zu einzelnen Items

Die **Obergrenze** für ein Item sollte **8 Punkte** betragen. Bei größeren Punktwerten wird die formulierte Erwartungshaltung erfahrungsgemäß zu schwammig oder sie weist zu viele Detailforderungen auf, was sich beides ungünstig auf eine präzise Bewertung auswirkt.

Außerdem empfiehlt es sich, jedes Item mit **mindestens 3 Punkten** auszustatten. Da im Zentralabitur nur ganze Punkte vergeben werden können, besteht bei Items mit 2 Punkten die Gefahr, dass zuungunsten der Schüler nur 1 Punkt vergeben wird, wenn nicht alle Teilerwartungen erfüllt sind.

Tipp Ordnen Sie Ihren Items jeweils einen Punktwert zwischen 3 und 8 Punkten zu.

Folgende Punktwerte haben sich als **Standardwerte** herausgestellt: derjenige für die **aufgabenbezogene räumliche Einordnung zu Beginn** (3 Punkte) und der für die abschließende **Bewertung am Schluss** (4 Punkte).

Zuordnung der Punkte für ein weiteres aufgabenbezogenes Kriterium

Ebenfalls vorgegeben ist das **Item „weiteres aufgabenbezogenes Kriterium“**, das sich am Ende jeder Teilaufgabenbewertung befindet. Dieses ermöglicht es Ihnen, Leistungen Ihrer Schüler, die Sie vorab nicht als Indikator ausgewiesen haben und die richtig im Sinne der Aufgabenstellung sind, im Rahmen der ausgewiesenen Punktzahl zu würdigen. Hierdurch dürfen Sie aber nicht den für die jeweilige Teilaufgabe ausgewiesenen Punktwert überschreiten.

Die **Punkte** für ein erfülltes „weiteres aufgabenbezogenes Kriterium“ machen im Zentralabitur in der Summe genau **10** aus. Diese Begrenzung soll verhindern, dass zu viele bloße Reproduktionselemente ohne Materialbezug den Charakter einer zentralen Prüfung bzw. einer materialgestützten Aufgabenstellung gefährden.

Tipp

Vergeben Sie max. 10 Kompensationspunkte für alle drei Teilaufgaben zusammen; ordnen Sie diese den Teilaufgaben in Relation zu deren Punktwert zu.

Einer Punktverteilung von 23–31–26 für die drei Teilaufgaben würde eine Zuordnung der Kompensationspunkte von 3–4–3 entsprechen.

Darstellungsleistung

Die 20 Basispunkte der Darstellungsleistung werden anhand von fünf vorgegebenen und in allen Geographie-Klausuren gleichbleibenden Items vergeben.

Tipp

Wenden Sie den § 13 Abs. 2 APO-GOSt in Absprache mit Ihrer Fachkonferenz sinnvoll an. Die Formulierung „gehäufte Verstöße“ ist bewusst sehr offen gehalten. Es empfiehlt sich, diesen Punktabzug erst dann einzusetzen, wenn in der Klausur Ihrer Meinung nach das zu tolerierende Maß überschritten ist und die Nichtgewährung von Darstellungspunkten hierfür nicht ausreicht.

3.3 Wie wird aus dem erreichten Gesamtpunktwert eine Note?

Die Umsetzung der Gesamtpunktesumme in eine Note erfolgt nach dem vom Schulministerium vorgegebenen Prinzip (vgl. nachfolgende Tabelle). Wenn Sie weniger als 100 Basispunkte vergeben, so müssen Sie die Werte äquivalent berechnen (vgl. S. 17 f.).

Grundsätze für die Bewertung (Notenfindung)

Für die Zuordnung der Notenstufen zu den Punktzahlen ist folgende Tabelle zu verwenden:

	Punkte	Erreichte Punktzahl
sehr gut plus	15	100–95
sehr gut	14	94–90
sehr gut minus	13	89–85
gut plus	12	84–80
gut	11	79–75
gut minus	10	74–70

befriedigend plus	9	69–65
befriedigend	8	64–60
befriedigend minus	7	59–55
ausreichend plus	6	54–50
ausreichend	5	49–45
ausreichend minus	4	44–39
mangelhaft plus	3	38–33
mangelhaft	2	32–27
mangelhaft minus	1	26–20
ungenügend	0	19–0

ZUSAMMENFASSUNG

- **Anzahl und Dauer der Klausuren** in der Oberstufe sind in der APO-GOSt für alle drei Jahrgänge verbindlich festgelegt.
- Jede Klausur der Oberstufe muss sich auf die **inhaltlichen Vorgaben des Kernlehrplans** beziehen, d. h. in der Einführungsphase auf die Inhaltsfelder 1 und 2 sowie in der Qualifikationsphase auf die Inhaltsfelder 3 bis 7.
- Jede Klausur fordert vom Schüler eine „**materialgebundene Problemerörterung**“. Die jeweilige Problematik muss in der allgemeingeographisch ausgerichteten Themenformulierung enthalten sein.
- Der **gewählte Raum** muss überschaubar sein hinsichtlich seiner Strukturen.
- Die **Aufgabenstellung** muss mehrteilig und geschlossen sein, d. h., alle Teilaufgaben müssen sich auf denselben Raum beziehen und ein thematisches Ganzes ergeben.
- Die **Anzahl der Teilaufgaben** beträgt in der Regel drei, seltener zwei; diese sind nach dem Prinzip der sich steigernden Anforderungen zu gestalten. In allen Klausuren der Oberstufe müssen Anforderungen aller drei Anforderungsbereiche (AFB I–III) enthalten sein.
- Die Teilaufgaben enthalten **Operatoren** aus der Liste der verbindlichen Operatoren des Faches Geographie. Wenn die erste Teilaufgabe zunächst eine räumliche Einordnung verlangt, enthält sie zwei Operatoren.
- Der **Materialteil** weist eine begrenzte Anzahl von fachspezifischen Materialien auf. Diese Anzahl unterscheidet sich zwischen der Einführungs- und der Qualifikationsphase sowie zwischen Grund- und Leistungskursen.
- Bei der Festlegung des **punktgestützten Erwartungshorizontes** sind jeweils die beiden Bewertungsbereiche „Inhaltlich-methodische Leistung“ sowie „Darstellungsleistung“ in Analogie zur Punktvergabe im Zentralabitur zu berücksichtigen.
- Als **Basispunkte** werden i. d. R. 100 Punkte vergeben; dies entspricht der Regelung im Zentralabitur Geographie.
- Die Punktvergabe für weitere aufgabenbezogene Kriterien beträgt in der Summe maximal 10 % der Basispunktzahl; diese **Kompensationspunkte** werden den Teilaufgaben in Relation zu deren Punktwerten zugeordnet.
- **Eine der Klausuren** der Qualifikationsphase muss **unter Abiturbedingungen** geschrieben werden.

Einen **Musterbewertungsbogen** finden Sie im *Download-Bereich.*

PRAXIS

Sonderkulturanbau in Trockenräumen? – Das Beispiel des Weinanbaus in Barossa, South Australia

Name: ______________________ Datum: __________

Aufgabenstellung

1 **Lokalisieren** Sie die Weinbauregion Barossa und **beschreiben** Sie die naturgeographischen Voraussetzungen für den Weinanbau. 28 P

2 **Erläutern** Sie die Entwicklung des dortigen Weinanbaus seit der Jahrtausendwende und seine heutige wirtschaftliche Bedeutung. 30 P

3 **Nehmen** Sie **Stellung** zu der Frage, inwiefern der Weinanbau in dieser Region zukunftsfähig ist. 22 P

Materialgrundlage

M 1 Atlaskarte Australien physisch
M 2 Barossa: Weinanbau/Bewässerungseinrichtungen
M 3 Barossa: Klima und Böden
M 4 Steckbrief: Edle Weinrebe
M 5 Weinbau in Barossa
M 6 Künstliche Bewässerung in Barossa

Zugelassene Hilfsmittel

- der an der Schule in der Oberstufe überwiegend verwendete Atlas, in einer für alle Schüler gleichen Auflage
- Wörterbuch zur deutschen Rechtschreibung
- Taschenrechner (wissenschaftlicher Taschenrechner ohne oder mit Grafikfähigkeit/CAS-Taschenrechner)

Info Diese Klausur behandelt aus dem „**Inhaltsfeld 1: Lebensräume und deren naturbedingte sowie anthropogen bedingte Gefährdung**“ die Aspekte „Leben mit dem Risiko von Wassermangel und Wasserüberfluss“ sowie „Landschaftszonen als räumliche Ausprägung des Zusammenwirkens von Vegetation sowie Möglichkeiten zu deren Nutzung als Lebensräume“.

M 1 Atlaskarte Australien physisch

M 2 Barossa: Weinanbau/Bewässerungseinrichtungen

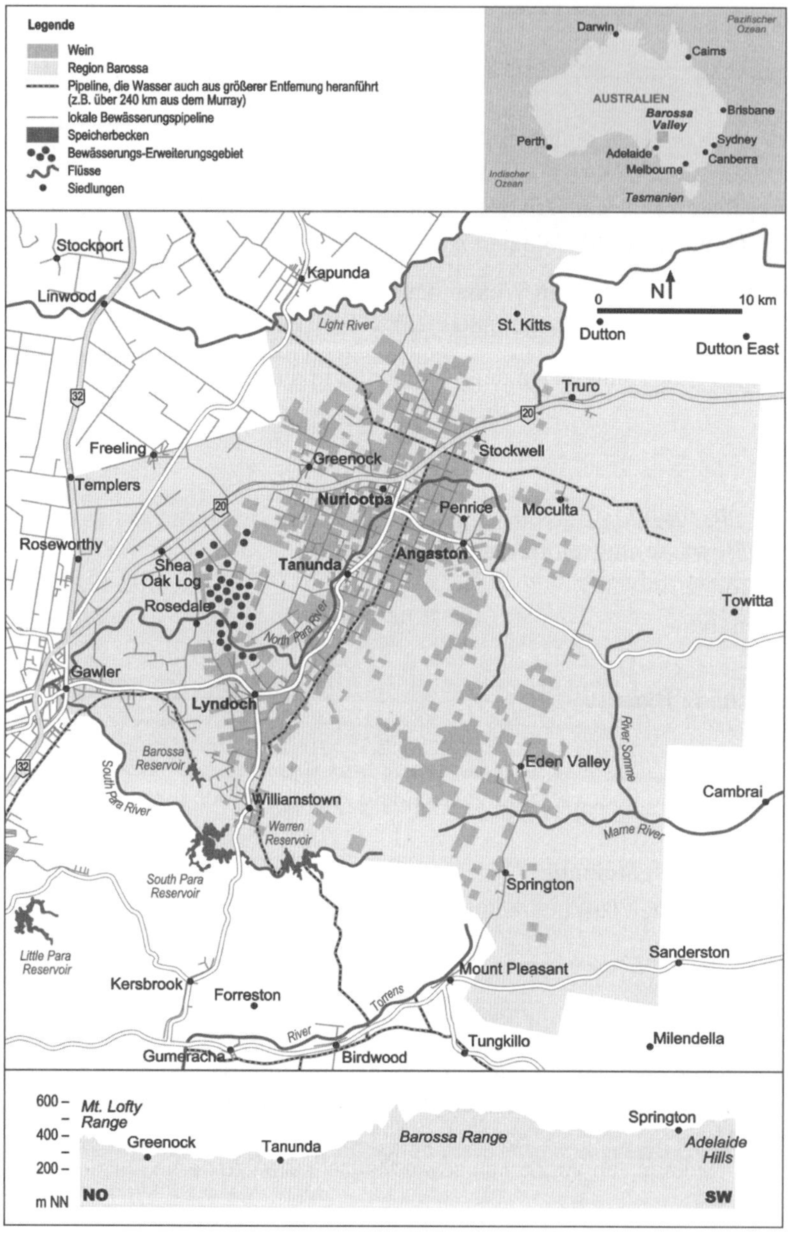

Quelle: © cartomedia, Karlsruhe

Drucken Sie die Farbkarte aus dem Download-Bereich aus oder kopieren Sie diese (Farbkarten am Ende des Bandes)!

M 3 Barossa: Klima und Böden

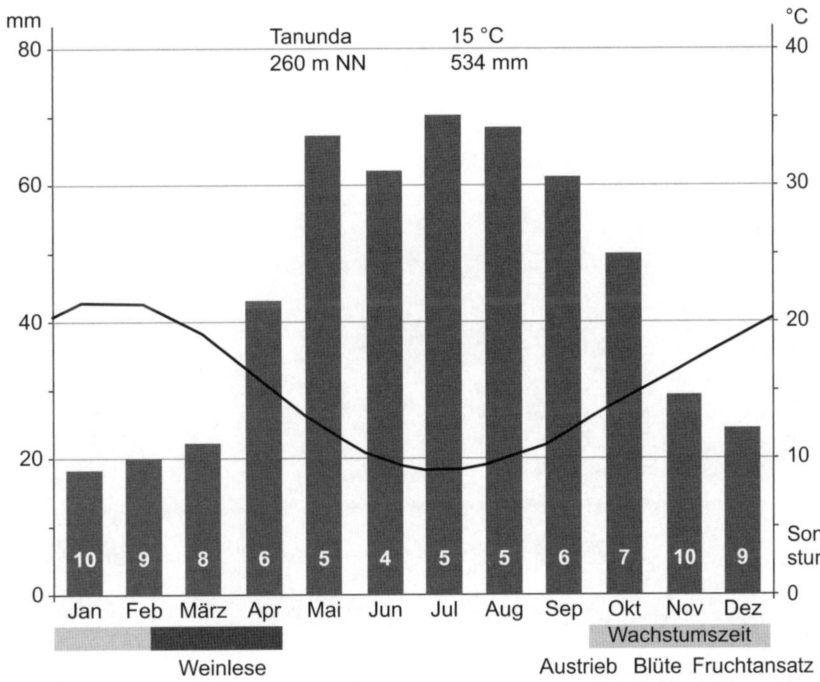

Prognose Klima	Temperaturen	seit 1995 etwa +0,2 °C/Jahrzehnt weiterhin steigend
	Niederschlags-menge	bis 2020 –2 bis –10 % bis 2070 –5 bis –20 %
Böden	sandiger Lehm	

zusammengestellt nach: www.klima.org/australien/klima-tanunda/; Australian Government, Bureau of Meteorology

M 4 Steckbrief: Edle Weinrebe

Edle Weinrebe	rankender Kletterstrauch	
	erste Traubenernte 4 bis 6 Jahre nach einer Neupflanzung	
Ansprüche der Edlen Weinrebe an die …	Temperatur	mindestens 7 Monate über 10 °C; Austrieb ab 13 °C, Fruchtansatz und Wachstum der Frucht ab 19 °C
	Besonnung	mindestens 1 500 (Weißweine) bis 1 600 (Rotweine) Sonnenstunden zwischen Fruchtansatz und Reife
	Wasserversorgung	450 bis 600 mm Jahresniederschlag mit guter Wasserversorgung zwischen Austrieb und Fruchtansatz
	Böden	gering; Wachstum auch in Gesteins-, Kies- und Sandböden; recht hohe Salztoleranz bis ~ 1 000 ppm (parts per million)

eigene Zusammenstellung

M 5 Weinbau in Barossa

Barossa – renommierteste Weinbauregion Australiens	
Einwohner in der Region	rd. 35 800
Anteil an den australischen Weinexporten (Menge)	3 %
Anteil an den australischen Weinexporten (Wert)	7,4 %
Beitrag des Weinbaus zur Wirtschaftsleistung der Region	über 33 %
Beitrag des durch den Weinbau angeregten Fremdenverkehrs	über 10 %
Verarbeitung der Trauben	80 % zu Rot-, 20 % zu Weißweinen; Erzeugung von Tafeltrauben und Rosinen ist unbedeutend

Weingüter und nachgelagerte Betriebe		Barossa	Anteil der Region Barossa am Weinbau in South Australia insg. (in %)
Weingüter	2008 2015	150 150	21,4 21,4
mit Weinproduktion und -vermarktung befasste Firmen (z. B. Transportunternehmen, Hersteller von Bewässerungs-/Lagerungssystemen und Fässern, Verpackungs- und Marketingunternehmen, Maschinenbau und -verkauf, Abfüllbetriebe)	2008 2015	395 590	18,8 21,8

Quelle: shutterstock; eigene Zusammenstellung

Weintraubenproduktion und Anbaufläche

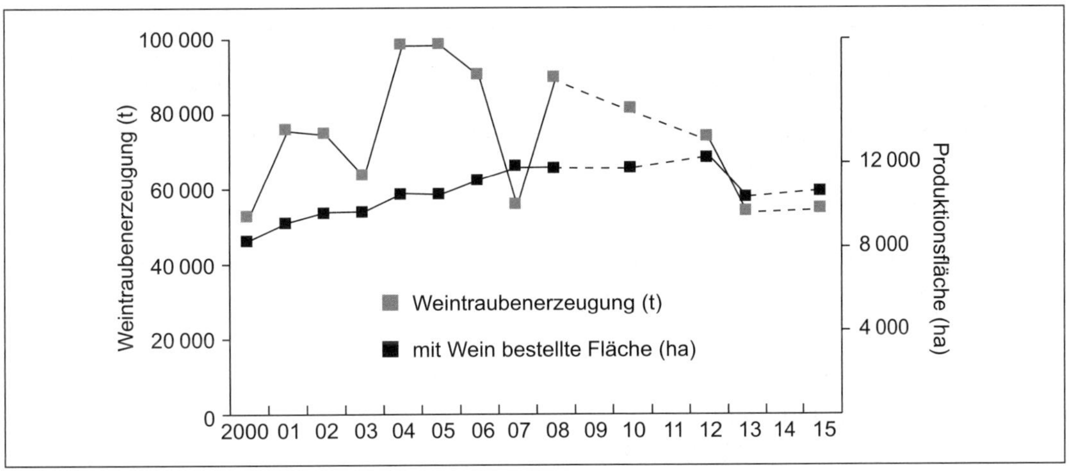

Anmerkungen
Jahre mit überdurchschnittlich hohen Niederschlägen: 2000, 2001, 2010, 2011
Jahre mit unterdurchschnittlichen Niederschlägen: 2004, 2005, 2007, 2013, 2014, 2015
Jahre mit extrem unterdurchschnittlichen Niederschlägen: 2002, 2006, 2008, 2012

zusammengestellt nach: http://www.wfa.org.au; www.barossa.com, www.vinehealth.com.au; www. winetitles.com.au; www.abs.giv.au

Wert der Weintrauben

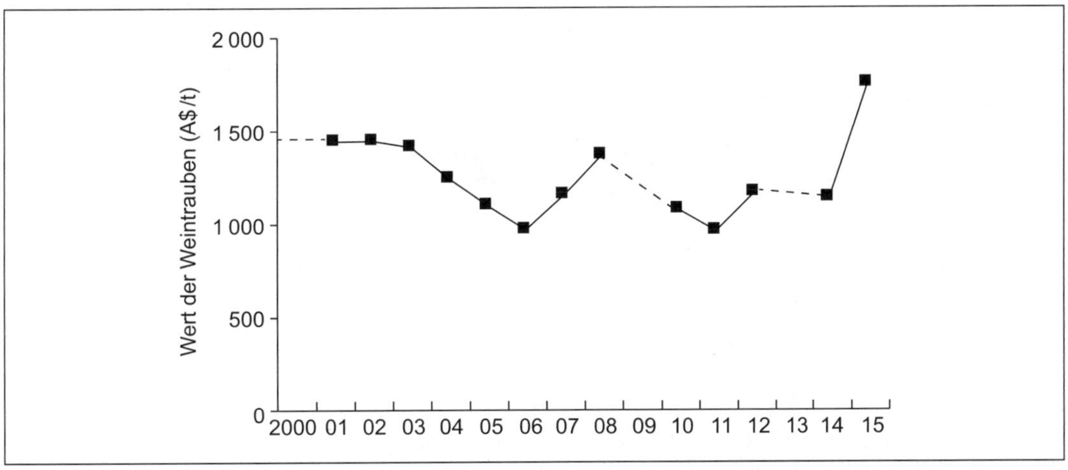

Anmerkung
Nach einer Kosten-Nutzen-Rechnung für fünf in Barossa verbreitete Rebsorten (zusammen rd. ein Drittel der dortigen Rebfläche) erzielten die Winzer in den Jahren 2010–2015 bei zwei dieser Rebsorten Gewinne, bei drei anderen Verluste. Nur 15 % der australischen Winzer erwirtschafteten in diesem Zeitraum Gewinne.

zusammengestellt nach: http://www.wfa.org.au; www.barossa.com, www.vinehealth.com.au; www. winetitles.com.au; www.abs.giv.au

M 6 Künstliche Bewässerung in Barossa

Künstliche Bewässerung in Barossa	2015	% der Rebfläche	Vergleichswerte aus früheren Jahren
insgesamt zur Bewässerung der Reben eingesetzte Wassermenge (Mio. Liter)	11 870		2003: ca.12 000 2011: 9 700
bewässerte Rebfläche (ha)	10 531	98,2	
durchschnittlich zur Bewässerung von 1 ha Rebfläche verwandte Wassermenge (Mio. Liter)	1,1		2003: offiziell 1,3; nach Schätzungen bis zu 3,0
Erntemenge auf bewässerten Feldern (unbewässerte Felder: 100)	135		
Anteil bewässerter Rebflächen mittels – Tröpfchen- oder Microspray-Bewässerung – Beregnung – Furchen- oder Überflutungsbewässerung		 97,3 0,9 0	2003: ca. 82 ca. 16 ca. 2
Preis für Bewässerungswasser (A$/Mio. Liter)	300		1992: 15; bereits 2005 drittgrößter Kostenfaktor im Weinbau

Herkunft des Bewässerungswassers

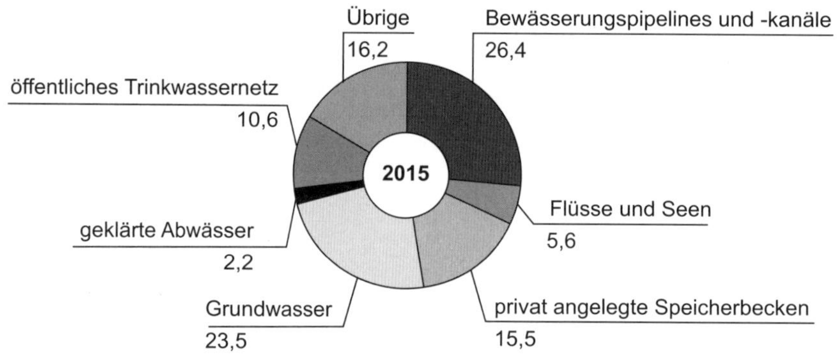

Anmerkungen

Seit 2001 liegt der Salzgehalt bei 50 % der Messstellen über 3 000 ppm.
2011 lag der Anteil der Bewässerungspipelines und -kanäle/Flüsse und Seen bei 39,4 %.

Prognose Barossa 2045	
Wasserverbrauch	bei 1 °C klimawandelbedingter Erwärmung werden 4 % mehr Bewässerungswasser benötigt als 2015, bei 2 °C voraussichtlich 8 % mehr
Rebfläche	keine wesentliche Ausdehnung; in weniger renommierten Regionen (z. T. deutlicher) Rückgang

zusammengestellt nach: www.adelaide.edu.au; www.naturalresources.sa.gov.au; www.abc.net.au; http://www.barossa.org.au; www.wineaustralia.com

ERWARTUNGSHORIZONT

Name: ______________________

Inhaltlich-methodische Leistung

Teilaufgabe 1: Anforderungen

	Die Schülerin / Der Schüler	maximal erreichbare Punkte	erreichte Punkte
1	ordnet die Region Barossa aufgabenbezogen räumlich ein, z. B.: • Lage im südöstlichen South Australia, • rd. 60 km nördlich von Adelaide, • zwischen den Orten Gawler und Eden Valley, • in den Subtropen (M 1, M 2).	3	
2	stellt heraus, dass die Ansprüche der Edlen Weinrebe in Barossa erfüllt werden: • Temperatur: 10 Monate über 10 °C von März bis Dezember, • Besonnung: rd. 1 500 Sonnenstunden zwischen Mitte November und März, weitere rd. 150 bis April (M 3, M 4).	6	
3	weist auf Anbau-/Wachstumsprobleme hin, z. B.: • geringe Niederschläge in der wünschenswerten Hauptniederschlagszeit, der Zeit zwischen Austrieb und Fruchtansatz, also in den Monaten November/Dezember, • Niederschläge in den für einen hinreichenden Ertrag wichtigen Monaten geringer als die Verdunstung, • Niederschlagsdefizit in den Monaten November/Dezember trotz in der Jahressumme hinreichender Niederschläge (M 3, M 4).	5	
4	betont, dass der Anspruch der Edlen Weinrebe an den Boden erfüllt wird, z. B.: • Toleranz der Pflanze gegen Salz recht hoch, • Anspruch der Pflanze an die Bodenqualität insgesamt gering, • vorhandene Böden: sandiger Lehm (M 3, M 4).	4	
5	weist auf die Reliefstruktur und deren Bedeutung hin: • Nebeneinander ebener Senken erlaubt ein wirtschaftliches Arbeiten in den dort angelegten Weinfeldern, • die flachen Hügelzüge sind nahezu frei von Weinfeldern (M 2).	6	
6	schlussfolgert die Notwendigkeit künstlicher Bewässerung unter Hinweis auf vorhandene Möglichkeiten, z. B.: • Entnahme aus den Flüssen der Region, • Entnahme aus den dortigen Grundwasservorkommen, • Wasserüberleitung aus anderen Regionen (M 2 – M 4, M 6).	4	
7	erfüllt ein weiteres aufgabenbezogenes Kriterium (max. 4 Punkte).		
	Summe erste Teilaufgabe	**28**	

Teilaufgabe 2: Anforderungen

	Die Schülerin / Der Schüler	maximal erreichbare Punkte	erreichte Punkte
1	stellt die Entwicklung der Rebflächen heraus: • deutliche Zunahme zwischen 2000 und 2012 von rd. 8 000 auf ca. 12 000 ha, • Rückgang seit 2012 von ca. 12 000 auf ca. 10 500 ha (M 5).	4	
2	weist auf die fehlende kontinuierliche Entwicklung der Erträge hin, z. B.: • höchste Erträge bereits in der Mitte der 2000er-Jahre, • Vergrößerung der Anbaufläche ohne parallel hierzu verlaufende Ertragssteigerung, • Beeinflussung der Ertragsmenge durch die jährliche Niederschlagsmenge (M 5).	4	
3	verdeutlicht Preisstruktur und Preisentwicklung der Trauben aus Barossa, z. B.: • Preis höher als für Trauben aus anderen australischen Anbauregionen, • Preis seit der Jahrtausendwende bis 2014 recht konstant gesunken, • Anbau einiger Rebsorten inzwischen nicht mehr rentabel (M 5).	3	
4	zeigt in diesem Zusammenhang Probleme kurzfristiger Produktionsumstellung auf: • hohe Investitionskosten, • Einnahmen erst nach 4–6 Jahren wegen des bis dahin ertraglosen Rebwachstums (M 4).	3	
5	hebt hervor, dass künstliche Bewässerung alleine die ökonomische Situation nicht hinreichend verbessert: • Erträge liegen deutlich über denen von unbewässerten Feldern, • hohe und weiter steigende Wasserpreise zehren aber einen höheren Gewinn auf (M 5, M 6).	3	
6	führt Versuche der Winzer an, rentabler zu wirtschaften, z. B.: • Vergrößerung der Betriebsfläche (konstante Zahl von Betrieben bei wachsender Anbaufläche), • Einsatz Wasser sparender, moderner Bewässerungsmethoden, • Anlage eigener Wasserspeicher, • Outsourcen von Teilen der Weinerzeugung, u. a. den Abfüllvorgang an spezielle Abfüllbetriebe (M 5, M 6).	6	
7	betont die wirtschaftliche Bedeutung des Weinanbaus für die Region durch Hinweis auf z. B.: • die große Zahl der dem Weinbau vor- und nachgelagerten Betriebe, • die Schaffung von Arbeitsplätzen, • den durch den Weinanbau ausgelösten Tourismus (M 5, M 6).	4	
8	verweist auf die Bedeutung des Exports von Barossa-Weinen für Australien (M 5).	3	
9	erfüllt ein weiteres aufgabenbezogenes Kriterium (max. 4 Punkte).		
	Summe zweite Teilaufgabe	**30**	

Teilaufgabe 3: Anforderungen

	Die Schülerin/Der Schüler	maximal erreichbare Punkte	erreichte Punkte
1	stellt bereits heute sichtbare, durch die künstliche Bewässerung bedingte ökologische Probleme heraus: • den Wassertransfer aus entfernten, ebenfalls ariden Regionen, • den steigenden, auch für die Edle Weinrebe nicht mehr tolerablen Salzgehalt des Grundwassers (M 2, M 4, M 6).	4	
2	verweist auf ökonomische Probleme im Zusammenhang mit der künstlichen Bewässerung, z. B.: • gestiegene Wasserpreise, • Kostenaufwand für den Erwerb und Transport des Wassers aus anderen Regionen, • höhere Betriebskosten moderner Bewässerungstechniken (M 2, M 5, M 6).	4	
3	arbeitet heraus, dass die Zunahme von Trockenjahren seit der Jahrtausendwende auf Folgen des Klimawandels in Barossa hindeuten: • höhere Temperaturen, • geringere Niederschlagsmengen (M 3, M 5).	3	
4	weist auf dieser Grundlage begründet auf die Rebflächenprognosen hin, z. B.: • keine nennenswerte Zunahme der Anbaufläche von Wein in Barossa, • Aufgabe von Rebflächen in qualitativ schlechten Lagen, • Zunahme der für die künstliche Bewässerung benötigten Wassermenge (M 6).	3	
5	stellt diesen negativen Aspekten des Weinanbaus in Barossa positive gegenüber, z. B.: • Aussicht auf eine sich 2015 andeutende Wertsteigerung der Barossa-Trauben, • besseres Renommee der Region im Vergleich mit anderen australischen Weinanbauregionen, • Notwendigkeit, den Weinbau zu erhalten, um die Attraktivität Barossas als Fremdenverkehrsregion zu sichern, • Konstanz der Anzahl von Weingütern (M 5, M 6).	4	
6	formuliert abschließend eine begründete Stellungnahme hinsichtlich der Zukunftsfähigkeit des Weinbaus in Barossa.	4	
7	erfüllt ein weiteres aufgabenbezogenes Kriterium (max. 2 Punkte).		
	Summe dritte Teilaufgabe	**22**	
	Summe der ersten bis dritten Teilaufgabe	**80**	

Darstellungsleistung

	Die Schülerin /Der Schüler	maximal erreichbare Punkte	erreichte Punkte
1	strukturiert ihren/seinen Text schlüssig, stringent sowie gedanklich klar und bezieht sich dabei genau auf die Aufgabenstellung.	5	
2	bezieht beschreibende, deutende und wertende Aussagen schlüssig aufeinander.	4	
3	belegt ihre/seine Aussagen durch angemessene und korrekte Nachweise (Zitate u. a.)	3	
4	formuliert unter Beachtung der Fachsprache präzise und begrifflich differenziert.	4	
5	schreibt sprachlich richtig (Grammatik, Orthographie, Zeichensetzung) sowie stilistisch sicher.	4	
	Summe Darstellungsleistung	**20**	
	Summe inhaltlich-methodische Leistung	**80**	
	Gesamtsumme	**100**	

Info Diese Vorlage für die Bewertung der **Darstellungsleistung** können Sie **für alle Erwartungshorizonte** in diesem Band verwenden.

Einen **Muster-Erwartungshorizont** für Ihre **selbst erstellten Klausuren** finden Sie im *Download-Bereich* zum schnellen Herunterladen und einfachen Bearbeiten!

Zukunftsfähige Energieversorgung? – Das Beispiel Island

Name: ______________________ Datum: __________

Aufgabenstellung

1 **Beschreiben** Sie Lage und Naturraum des Staates Island. 26 P

2 **Erläutern** Sie die Entwicklung von Islands Energiewirtschaft und die staatlichen Maßnahmen zur Sicherung der Energieversorgung. 30 P

3 **Bewerten** Sie Islands jüngste Entwicklungen im Energiesektor unter Nachhaltigkeitsaspekten. 24 P

Materialgrundlage

M 1 Island: Natürliche Gegebenheiten
M 2 Island: Energiegewinnung
M 3 Island: Energienutzung
M 4 Island: Erdölverbrauch
M 5 Island: Entwicklung der Exportstruktur
M 6 Island: Energie-Masterplan und Auswirkungen auf die Umwelt

Zugelassene Hilfsmittel

- der an der Schule in der Oberstufe überwiegend verwendete Atlas, in einer für alle Schüler gleichen Auflage
- Wörterbuch zur deutschen Rechtschreibung
- Taschenrechner (wissenschaftlicher Taschenrechner ohne oder mit Grafikfähigkeit/CAS-Taschenrechner)

Info

Diese Klausur behandelt aus dem „**Inhaltsfeld 2: Raumwirksamkeit von Energieträgern und Energienutzung**“ den Aspekt „Möglichkeiten und Grenzen der Nutzung regenerativer Energien als Beitrag eines nachhaltigen Ressourcen- und Umweltschutzes“.

M 1 Island: Natürliche Gegebenheiten

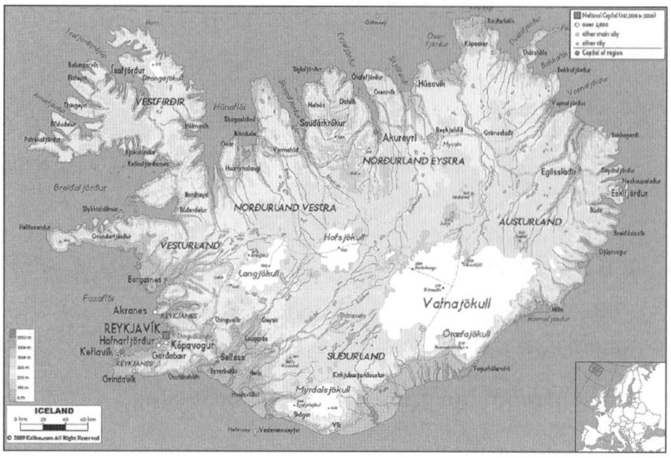

nach: http://www.ezilon.com/maps/images/europe/Iceland-physical-map.gif

Aktive Vulkanzone

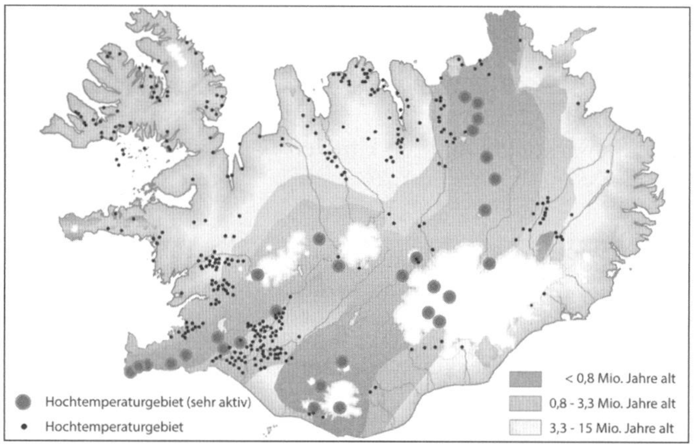

nach: Orkostufnun; http://os.is/gogn/os-onnur-rit/Orkutolur_2015-enska-utfaersla2.pdf

Drucken Sie die Farbkarten aus dem Download-Bereich aus oder kopieren Sie diese (Farbkarten am Ende des Bandes)!

M 2 Island: Energiegewinnung

Wasserkraft 1913–2015

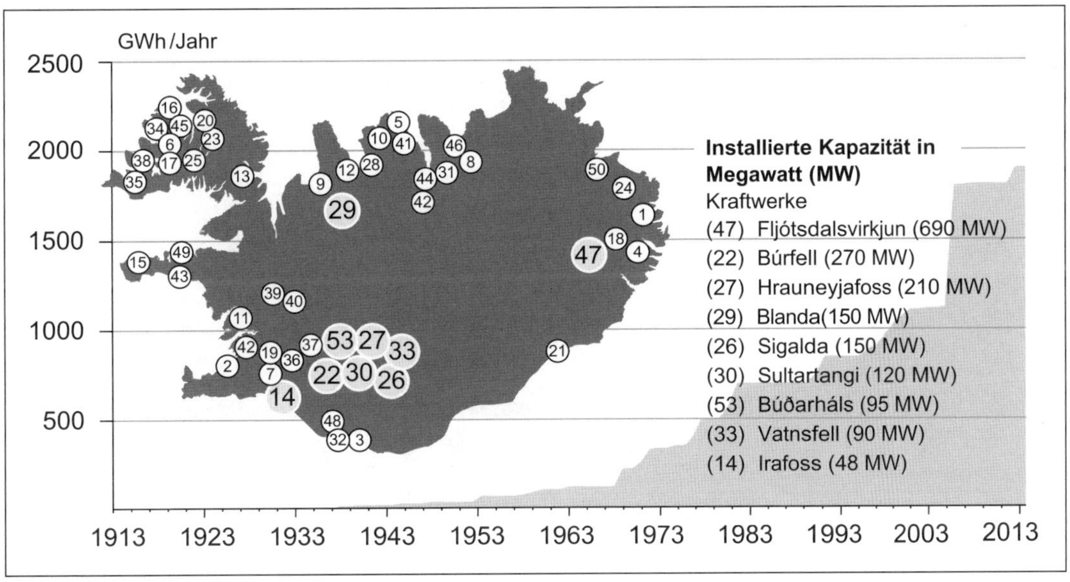

Anmerkung
GWh = Gigawattstunden

Quelle: Orkostufnun; http://os.is/gogn/os-onnur-rit/Orkutolur_2015-enska-utfaersla2.pdf

Geothermalkraftwerke 1969–2014

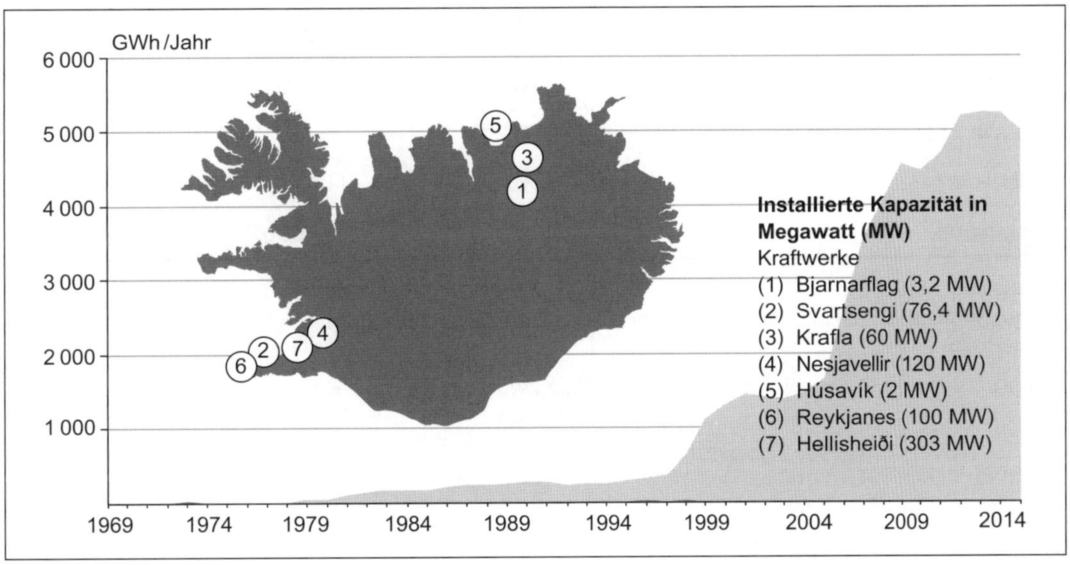

Anmerkung
GWh = Gigawattstunden

nach: Orkostufnun; http://os.is/gogn/os-onnur-rit/Orkutolur_2015-enska-utfaersla2.pdf

M 3 Island: Energienutzung

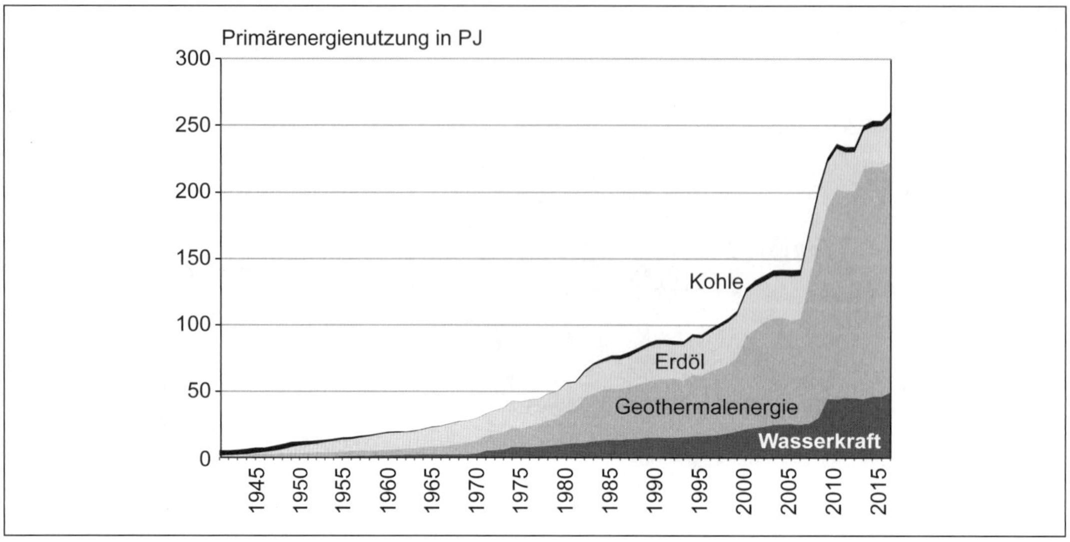

Anmerkung
1 PJ = Petajoule = 278 GWh

Quelle: Orkostufnun; http://os.is/gogn/os-onnur-rit/Orkutolur_2015-enska-utfaersla2.pdf

Elektrizitätserzeugung 2014–2015

Energieträger	2014 GWh	2014 %	2015 GWh	2015 %
Wasserkraft	12,873	71,0	13,780	73,3
Geothermalenergie	5,239	28,9	5,003	26,6
Fossile Energie	2	0,0	4	0,0
Windenergie	8	0,0	11	0,1
Insgesamt	18,122	100	18,798*	100

Anmerkung
* Hauptverbraucher sind mit 76,4 % die Industrie (vor allem Aluminiumproduktion) und mit 18,3 % die öffentlichen Haushalte.

nach: Orkostufnun; http://os.is/gogn/os-onnur-rit/Orkutolur_2015-enska-utfaersla2.pdf

M 4 Island: Erdölverbrauch

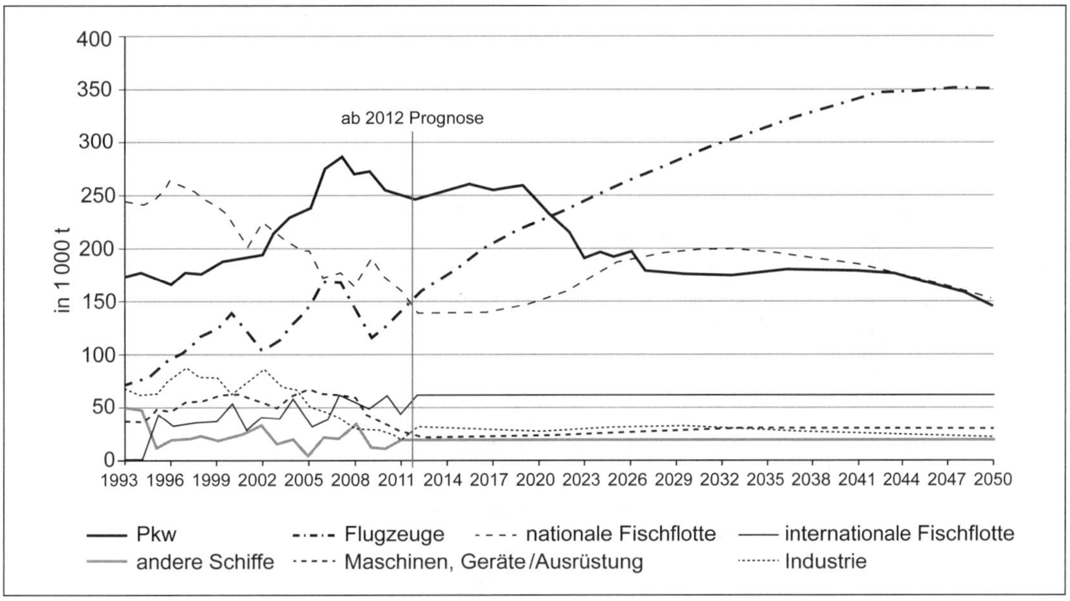

Anmerkung
Prognose = 2012 – 2050

nach: Orkostufnun; http://os.is/gogn/os-onnur-rit/Orkutolur_2015-enska-utfaersla2.pdf

M 5 Island: Entwicklung der Exportstruktur

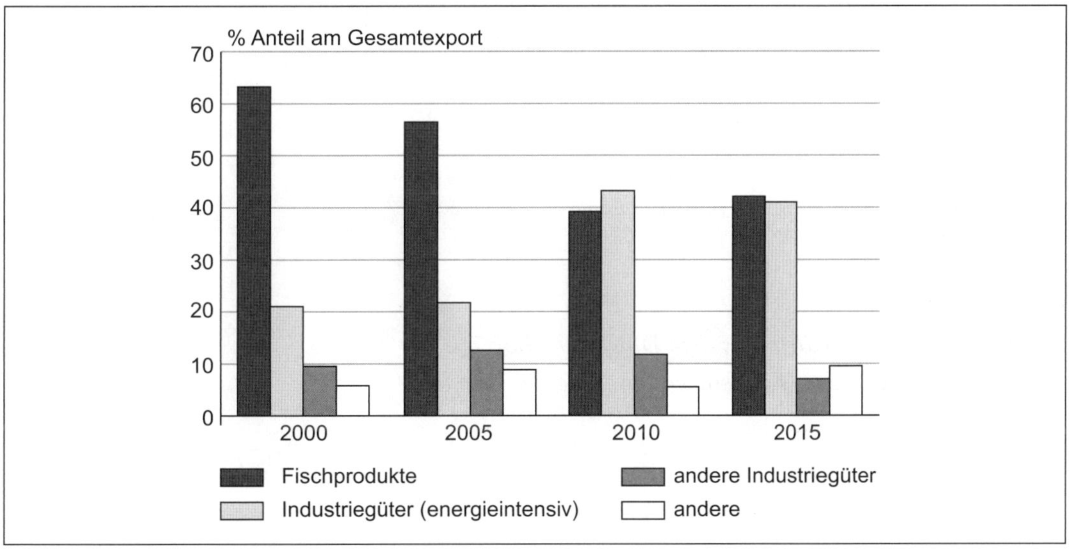

Quelle: Statistics Iceland

M 6 Island: Energie-Masterplan und Auswirkungen auf die Umwelt

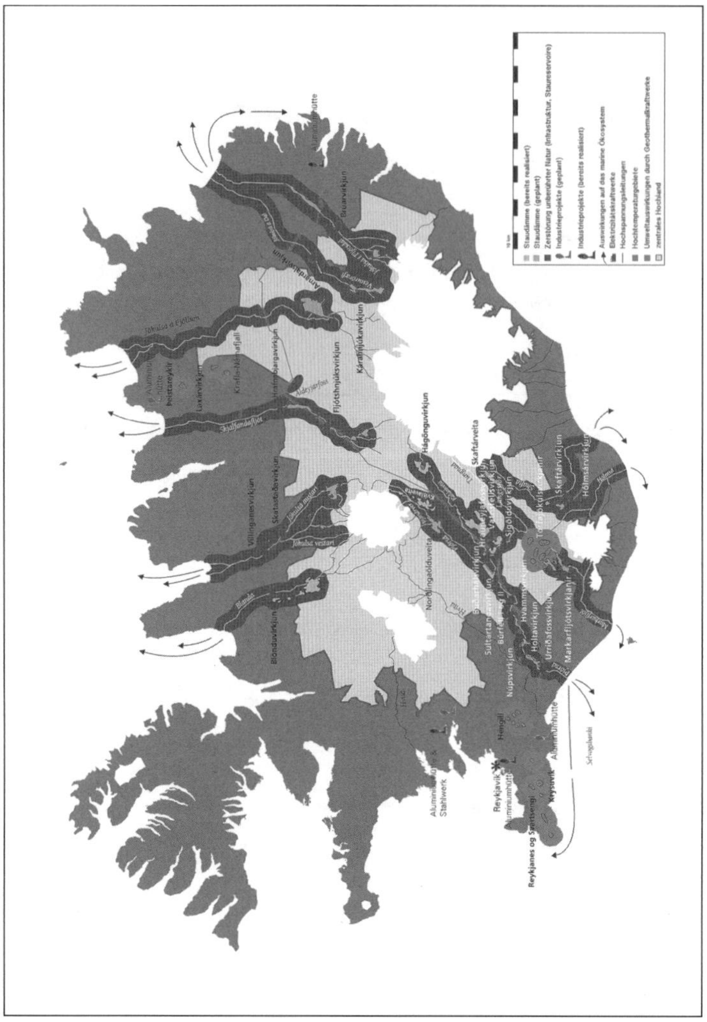

nach: Saving Iceland; http://www.savingiceland.org/wp-content/uploads/2008/07/200806-si-new-masterplanmap.jpg

Drucken Sie die Farbkarte aus dem Download-Bereich aus oder kopieren Sie diese (Farbkarten am Ende des Bandes)!

ERWARTUNGSHORIZONT

Name: ______________________

Inhaltlich-methodische Leistung

Teilaufgabe 1: Anforderungen

	Die Schülerin /Der Schüler	maximal erreichbare Punkte	erreichte Punkte
1	lokalisiert Island aufgabenbezogen: • Lage zwischen 63 und 66° nördlicher Breite und zwischen 13 und 24° westlicher Länge, • Entfernung zu Grönland 300 km, zu Norwegen 1 000 km und zu Kanada 3 500 km, • Insellage, knapp südlich des nördlichen Polarkreises im Nordatlantik (M 1, Atlas).	3	
2	zeigt physiogeographische Merkmale Islands auf, z. B.: • ausgedehnte Gebirgsregionen und dort entspringende mächtige Flusssysteme, • mehrere große Halbinseln sowie zahlreiche Fjordlandschaften, • große Gletscher- und Inlandseisflächen im Süden und im Zentrum, • im Verhältnis zur Gesamtfläche geringer Anteil von flachen Küstenlandschaften (M 1, M 6).	7	
3	weist auf besondere naturbedingte Merkmale der Landschaft hin, z. B.: • Vulkaninsel mit großräumiger aktiver Vulkanzone, die das Land durchzieht, • Vorhandensein von erdgeschichtlich sehr jungen Teilräumen innerhalb der Vulkanzone und von älteren Regionen im Westen und Osten der Insel, • Vorhandensein zahlreicher Hochtemperaturgebiete, darunter zum Teil sehr aktiver in der Vulkanzone (M 1).	7	
4	führt Indikatoren für das weitgehend unberührte und ländlich geprägte Zentrum Islands an: • fehlende Siedlungen, • sehr geringe Infrastrukturausstattung (M 1).	3	
5	weist auf die Gründe dafür hin, dass Island ein sehr großes Potenzial für die Erzeugung von Energie mittels Wasserkraft besitzt: • zahlreiche große Flüsse, • große Reliefenergie (M 1).	3	
6	hebt hervor, dass der Staat Island aufgrund der zahlreichen Hochtemperaturgebiete ein hohes Potenzial für die Energiegewinnung aus Erdwärme besitzt (M 1).	3	
7	erfüllt ein weiteres aufgabenbezogenes Kriterium (max. 3 Punkte).		
	Summe erste Teilaufgabe	**26**	

Teilaufgabe 2: Anforderungen

	Die Schülerin /Der Schüler	maximal erreichbare Punkte	erreichte Punkte
1	legt die Entwicklung bei der Nutzung des naturräumlichen Potenzials für die Energiegewinnung dar, z. B.: • Bau zahlreicher Wasserkraftwerke im Küstenraum, im Übergangsbereich vom Hoch- zum Tiefland, • Bau von Geothermalkraftwerken im Küstenraum in der aktiven Vulkanzone, • erheblicher Ausbau der installierten Kapazitäten seit den 1960er-Jahren (M 2, M 3, M 6).	5	
2	zeigt Islands Energiegewinnung differenziert auf, z. B.: • übergroße Bedeutung der Geothermalenergie in Bezug auf die Entwicklung der Primärenergienutzung, • aufgrund der naturräumlichen Gegebenheiten geringe Bedeutung fossiler Energieträger in Bezug auf die Primärenergienutzung, • übergroße Bedeutung der Wasserkraft als zentralem Energieträger für die Elektrizitätserzeugung (M 2, M 3, M 6).	5	
3	führt die Hauptnutzer von Energie in Island an: • Industrie mit 76,4 %, darunter v. a. die Aluminiumindustrie, die im Rahmen der veränderten Exportstruktur gegenüber der Fischindustrie stark an Bedeutung zugenommen hat, • öffentliche Haushalte mit 18,3 % (M 3, M 5).	3	
4	leitet die größten Verbraucher des importierten Erdöls ab: • Pkws für den Personen- und Warentransport, • Schiffsflotte für Fisch verarbeitende Industrie und Gütertransport, • Fluggesellschaften (M 4).	4	
5	schlussfolgert, dass Island aufgrund des momentanen und prognostizierten hohen Erdölverbrauchs in der Transport- und Fischindustrie weiterhin zu Importen gezwungen sein wird (M 4).	3	
6	weist auf staatliche Maßnahmen zur Sicherung der Energieversorgung hin, z. B.: • systematische Nutzung der eigenen Energieressourcen, • Investitionen in den Ausbau der Energieinfrastruktur, • Ausbau der Kapazitäten für schon realisierte und geplante Industrieprojekte, • Ausweisung eines Energie-Masterplans (M 2, M 3, M 6).	6	
7	stellt im Hinblick auf die bisherige Entwicklung der Energiewirtschaft fest, dass Island im Jahr 2015 seinen Primärenergieverbrauch weitestgehend durch die Nutzung erneuerbarer Energie gedeckt hat (M 3).	4	
8	erfüllt ein weiteres aufgabenbezogenes Kriterium (max. 4 Punkte).		
	Summe zweite Teilaufgabe	**30**	

	Die Schülerin /Der Schüler	maximal erreichbare Punkte	erreichte Punkte
1	beschreibt das Dreieck der Nachhaltigkeit (Unterrichtswissen).	3	
2	arbeitet positive ökonomische Aspekte heraus, z. B.: • Sicherung der Energieversorgung in allen Landesteilen, • Industrieansiedlung in strukturschwachen Räumen, • signifikanter Beitrag zur gesamtwirtschaftlichen Entwicklung des Landes, • steigende Deviseneinnahmen durch Export energieintensiver Industriegüter (M 2, M 3, M 5, M 6).	4	
3	schlussfolgert relevante soziale Aspekte, z. B.: • Schaffung von Arbeitsplätzen in zentralen Wirtschaftsbranchen, darunter v. a. in der Fischwirtschaft, der Energiewirtschaft, der Aluminiumindustrie und in der Tourismusbranche, • niedrige Strompreise und Heizkosten für private und öffentliche Haushalte (M 3, M 4, M 6).	3	
4	problematisiert den Ausbau und die zunehmend einseitige wirtschaftliche Abhängigkeit von der energieintensiven Aluminiumverhüttung (M 3, M 5, M 6).	3	
5	problematisiert die Entwicklung hinsichtlich ökologischer Auswirkungen, z. B.: • Zerstörung und Fragmentierung sensibler subarktischer Ökosysteme durch den Bau von Staudämmen, Reservoiren und Industrieanlagen, • Auswirkungen auf Fließgeschwindigkeit, Sediment- und Nährstofftransport in zahlreichen Flusssystemen und dadurch auf das marine Ökosystem, • negative Auswirkungen der Geothermalkraftwerke auf die Umwelt (M 2, M 6).	4	
6	bewertet Vorteile der erneuerbaren Energie im Vergleich zur Energiegewinnung aus fossilen Energieträgern vor dem Hintergrund der globalen Erwärmung und der zeitlichen Verfügbarkeit fossiler Energieressourcen (Hintergrundwissen).	3	
7	kommt abschließend zu einem begründeten Urteil.	4	
8	erfüllt ein weiteres aufgabenbezogenes Kriterium (max. 3 Punkte).		
	Summe dritte Teilaufgabe	**24**	
	Summe der ersten bis dritten Teilaufgabe	**80**	

Info Eine Vorlage für die Bewertung der **Darstellungsleistung** finden Sie auf S. 30!

Einen **Muster-Erwartungshorizont** für Ihre **selbst erstellten Klausuren** finden Sie im *Download-Bereich* zum schnellen Herunterladen und einfachen Bearbeiten!

Agrarprojekte als Impulsgeber für eine zukunftsfähige Regionalentwicklung? – Das Beispiel Tana River County/Kenia

Name: ______________________ Datum: __________

Aufgabenstellung

1	**Lokalisieren** Sie die Tana River County und **kennzeichnen** Sie ihre naturräumliche Ausstattung.	25 P
2	**Erläutern** Sie den Entwicklungsstand und die Agrarstruktur der County.	30 P
3	**Bewerten** Sie die seit Mitte der 2000er-Jahre in der Tana River County eingeleiteten staatlichen bzw. staatlich geförderten Agrarprojekte.	25 P

Materialgrundlage

M 1 Atlaskarten nach Wahl
M 2 Tana River County: Flusssystem
M 3 Tana River County: grundlegende Daten
M 4 Tana River County: Niederschläge/Böden
M 5 Niederschlag und Wasserführung der Flüsse 1950–2016
M 6 Tana River County: Landnutzung
M 7 Tana River County: Oberflächenformen und Bewässerung
M 8 Ackerbau und Viehhaltung
M 9 Bura-Bewässerungsprojekt
M 10 Kenya Investment Authority

Zugelassene Hilfsmittel

- der an der Schule in der Qualifikationsphase überwiegend verwendete Atlas, in einer für alle Schüler gleichen Auflage
- Wörterbuch zur deutschen Rechtschreibung
- Taschenrechner (wissenschaftlicher Taschenrechner ohne oder mit Grafikfähigkeit/CAS-Taschenrechner)

Info

Diese Klausur behandelt aus dem „**Inhaltsfeld 3: Landwirtschaftliche Strukturen in verschiedenen Klima- und Vegetationszonen**“ die Aspekte „Landwirtschaftliche Produktion in den Tropen vor dem Hintergrund weltwirtschaftlicher Prozesse“ und „Landwirtschaft im Spannungsfeld zwischen Ressourcengefährdung und Nachhaltigkeit“.

M 1 **Atlaskarten nach Wahl**

M 2 **Tana River County: Flusssystem**

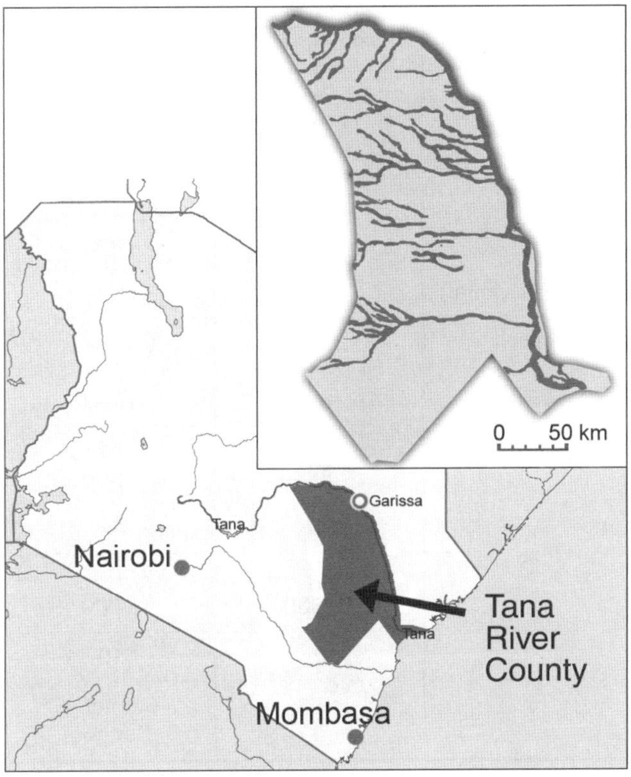

Tana (größter Fluss Kenias):
- namengebend für eine der 47 kenianischen Verwaltungseinheiten (=Countys)
- Quelle im ganzjährig schneebedeckten Mount-Kenya-Massiv
- Länge: rd. 1 000 km
- Einzugsgebiet: 126 000 km^2
- Wasserführung bei Garissa: ∅ 155 m^3/sec
- in westlich der Tana River County gelegenen Countys fünf Wasserkraftwerke und Stauseen mit Einrichtungen zur Abflussregulierung
- alle übrigen Wasserläufe der County nur periodisch fließend

Rhein (zum Vergleich):
- Länge: 1 233 km
- Einzugsgebiet: 185 300 km^2
- Wasserführung bei Kleve: ∅ 1 070 m^3/sec

Karte: NordNordWest, liz. Unter cc-by.sa 3.0 de
Text zusammengestellt nach: www.wikipedia.org/wiki/Tana_River(Kenya), Zugriff 25. 5. 17

M 3 Tana River County: grundlegende Daten

	Tana River County	zum Vergleich: Kenia
Fläche (km²)	35 376	582 650
Einwohner	262 684*	46,791 Mio.
Wachstumsrate der Bevölkerung (‰/Jahr)	3,6	2,9
Ernährungsunsicherheit (% der Bevölkerung)	79	25
Anteil von Menschen unterhalb der Armutsgrenze (%)	77	46
Menschen ohne Schulbildung (%)	56	25
durchschnittliche Ausgaben eines Erwachsenen (€/Monat)	18	31
Anteil von im Agrarsektor beschäftigten Lohnarbeitern (% aller Beschäftigten) insg. vom Agrarsektor Abhängige	41 82	32 k. A.
Häuser mit Toiletten (%) Häuser mit Lehmfußböden (%)	29 88	61 56
durchschnittliche Haushaltsgröße (Personen)	5,1	4,4
Krankenhäuser/100 000 Einwohner Einwohner/Arzt	0,8 15 000	1,3 5 000
km Asphaltstraßen/1 000 km²	15	19
Korruption (Rang)	–	145 unter 176 Staaten

Anmerkung

* verschiedene Ethnien: v. a. Pokomo, Munyoyaya, Malakote und Mijikenda als Ackerbauern und die einer anderen Völkergruppe angehörigen Orma, Wardei und Somali als Viehzüchter

eigene Zusammenstellung

M 4 Tana River County: Niederschläge/Böden

Niederschläge

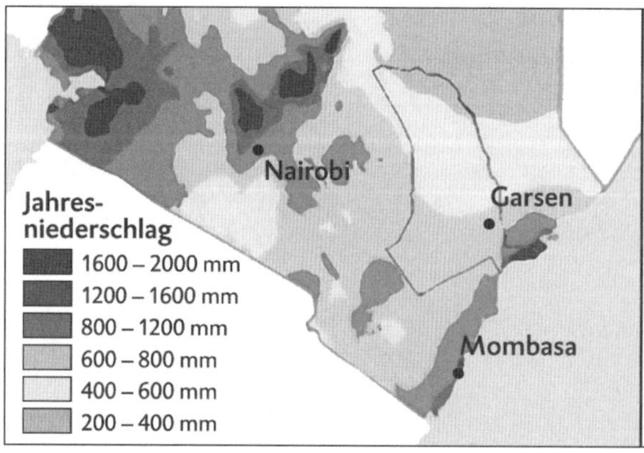

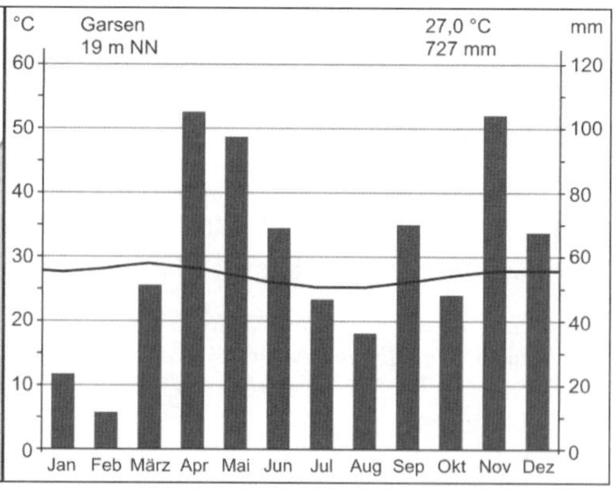

Drucken Sie die Farbkarte aus dem Download-Bereich aus oder kopieren Sie diese (Farbkarten am Ende des Bandes)!

Böden
- erosionsgefährdet
- entlang der Flüsse ertragreichere Überschwemmungsböden
- ansonsten flachgründige dunkle Sand-, Ton- oder Lehmböden; Fruchtbarkeit mit zunehmender Entfernung von den Wasserläufen abnehmend

Darstellung nach: World Resources Institute, Ministry of Environment and Natural Resources Kenya, Ministry of Planning and National Development Kenya.

M 5 Niederschlag und Wasserführung der Flüsse 1950–2016

Kenia

Jahre mit überdurchschnittlich hohen Temperaturen und Niederschlägen („El Niño-Ereignisse“)	23
Niederschläge von weniger als 60 % des durchschnittlichen Jahresniederschlags („La Niña-Ereignisse“)	14
Prognose für die ausstehenden Jahrzehnte des 21. Jh.	Verdopplung der Häufigkeit von El Niño- bzw. La Niña-Jahren

Tana River County

Beispiel Garissa
- Jahresniederschlag: ∅ 384 mm
  Extremwerte: 1997: 1 001 mm – 2016: 100 mm
- Wasserführung des Tana: ∅ 155 m^3/sec
  Extremwerte: 1987: 13 m^3/sec – 1998: 1 864 m^3/sec

„El Niño“ – Beispiel 1997/1998:
- Wasserstände des Tana von bis zu 6,65 m über normal für drei Monate
- Verluste bei Bananen, Mangos, Reis, Mais, Hülsenfrüchten bis 100 %, bei Vieh 70 %
- Schäden an der Infrastruktur (Elektrizität; Wasser: Brunnen, Speicherbecken; Straßen/ Brücken; Schulen; Zerstörung von Bewässerungseinrichtungen; Latrinen etc.)
- massenhafte Vermehrung von Mücken (Malaria); Epidemien

„La Niña“ – Beispiel 2016/17:
- Bereitstellung von 476 000 € für sieben Countys durch die kenianische Regierung, darunter 30 000 € für die Tana River County
- Reisewarnung des deutschen Auswärtigen Amtes, in der Region „Opfer von […] Stammesauseinandersetzungen zu werden“
- in Tana River County seit 2012 im Zuge von Konflikten um Land 118 Tote und mehr als 13 500 Vertriebene

Materialgrundlagen: Studie der Weltbank: Natural desaster Hotspots 2006, S. 165–184; FAO; Auswärtiges Amt

M 6 Tana River County: Landnutzung

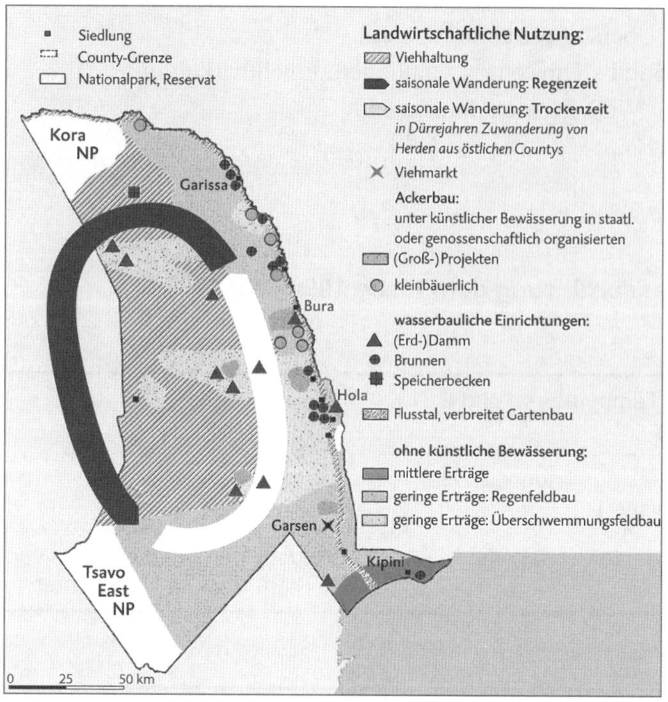

Drucken Sie die Farbkarte aus dem Download-Bereich aus oder kopieren Sie diese (Farbkarten am Ende des Bandes)!

Anteil agrarisch genutzter Flächen (% der Provinzfläche)	mit individuell eingetragenen Besitztiteln	rd. 4
	im Besitz von Dorfgemeinschaften	rd. 19
	in Staatsbesitz	rd. 77
von einer Familie durchschnittlich bewirtschaftete Fläche (ha)	bei Regen-/Überschwemmungsfeldbau	4
	bei künstlicher Bewässerung	0,6–3
Anteil ackerbaulich genutzter Fläche (%)	für food crops	52
	für cash crops	48

eigene Darstellung nach: Landnutzung: FEWS NET (2011/2012); Kartendaten: UN FAO; Wasserwirtschaft: Welthungerhilfe (WID 2012)
zusammengestellt nach: UN FAO; Lands, Agriculture, Livestock and Fisheries Dept., Tana River County

M 7 Tana River County: Oberflächenformen und Bewässerung

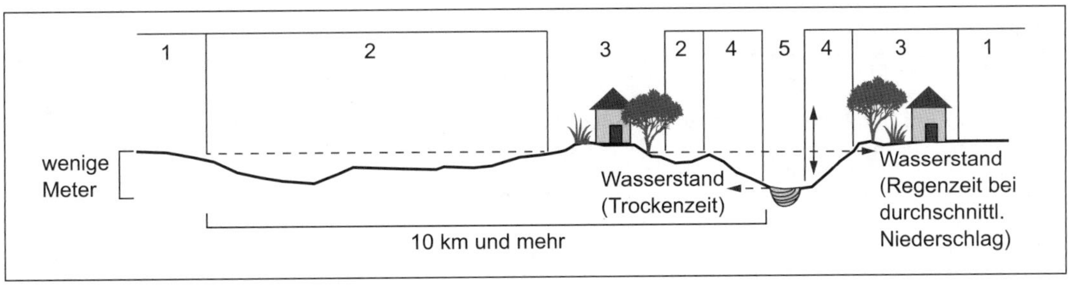

1	Viehhaltung und/oder Regenfeldbau: verschiedene Getreide, v. a. Mais, sowie Gemüse und Früchte, v. a. Mangos; im Delta auch Soja und Kokosnüsse; bei ausreichendem Kapital Anbau unter künstlicher Bewässerung (nahezu ausschließlich Furchenbewässerung): • in Großprojekten etwa 6 500 ha für Reis und etwas Zuckerrohr im Deltabereich; im Norden Mais und vereinzelt Baumwolle • kleinbäuerlich Bewässerung von Hand oder mit gemeinschaftlich angeschafften Pumpen	(bis zu) zwei Ernten jährlich
2	Überschwemmungsfeldbau: als cash crops v. a. Reis und Bananen; Gemüse, Mais; in der Tana River County von etwa 150 000 Bauern praktiziert	
3	Siedlungen	
4	Gemüsegärten	
5	Tana und Tana-Nebenflüsse	

eigene Darstellung und Zusammenstellung

M 8 Ackerbau und Viehhaltung

Feldfrüchte

	2012		2014		
	Anbaufläche ha	Ertrag t / ha	Anbaufläche ha	Ertrag t/ha	zum Vergleich: Kenia Ertrag t/ha
Mais*	6 270	0,99	9 600	1,32	1,77
Bohnen	2 392	1,5	3 510	0,57	0,54
Reis	1 650	4,9	1 350	1,70	4,0
Hirse	289	0,13	474	0,16	0,83

Anmerkung
* kenianisches Grundnahrungsmittel

Viehhaltung

Bestand, in 1 000	2003	2014
Rinder / Zebus*	335	683
Schafe	260	326
Ziegen	360	695
Kamele	58	64
Esel	20	27
Geflügel	110	144

Anmerkung
* im südlichen Drittel der County jahreszeitlich bis zu 55 % aller Rinder/Zebus der County; v. a. Rinder und Kamele gelten als Statussymbole

tierische Produktion 2014	Tana River County		zum Vergleich: Kenia
	Mio. l bzw. 1 000 t	l bzw. kg je E.	l bzw. kg je E.
Kuhmilch	58,0	220,7	739,0
Kamelmilch	4,7	18,2	21,4
Fleisch (Rind, Schaf, Ziege, Kamel, Geflügel)	1 299,3	4,9	8,8
Fisch	684,5	2,6	4,1

eigene Zusammenstellung

M 9 Bura-Bewässerungsprojekt

1977

Projektstart
Träger: u. a. Weltbank, NGOs, EU; Volumen: 92 Mio. US-$
Ziele:
- Bewässerungsfläche: 6 700 ha unter Nutzung des natürlichen Gefälles nach Einebnung der Landfläche (Schwerkraftbewässerung)
- 65 000 Siedler aus allen Teilen Kenias, die je 2 ha bewirtschaften (auf ⅔ der Fläche Mais und Baumwolle als cash crops, auf ⅓ der Fläche Anbau von z. B. Gemüse, Reis oder Hirse zur Selbstversorgung)
- 23 Dörfer für Bauernfamilien, Arbeiter und Wartungspersonal
- Versorgungs-, Weiterverarbeitungs- und Vermarktungseinrichtungen

1982

Neudefinition der Ziele
Bewässerung von 3 900 ha mittels Pumpen, Verzicht auf Häuser für Wartungspersonal und auf den Bau einer Baumwollentkernungsanlage,
Grund: Kostenentwicklung: Bewässerung +515 %, Siedlungen +210 %

1988/1989

Abschluss des Projekts
Investitionen: 105 Mio. US-$;
Bewässerung von 2 250 ha; Gründe: Dieselpreis, Verschlammung der Pumpen;
10 Dörfer mit 30 % (Schulen, Gesundheitseinrichtungen, Farmhäuser) bis 75 % (Bewässerungseinrichtungen, Verwaltungsgebäude) der vorgesehenen Einrichtungen;
1 800 Siedler, 40 % der geplanten nicht-landwirtschaftlichen Beschäftigten

	Produktion (t)	Planung der Weltbank 1977 (t)	Ertrag (t/ha)	Planung der Weltbank aus dem Jahr 1977 (t/ha)
Mais	1 440	19 320	1,2	3,0
Baumwolle*	7 620	1 942	1,5	3,7

Anmerkung
* Produktionsende 1992 aufgrund massiven Schädlingsbefalls in einigen vorangegangenen Jahren und gesunkener Weltmarktpreise

1998

Ende des Projekts als Folge des El Niño-Ereignisses

seit 2005

Wechsel der Verantwortlichkeit zum *National Irrigation Board*
Projekt-Neustart:
- Reparatur des Pumpensystems für aktuell rd. 4 800 ha Bewässerungsfläche und 2 24 5 Siedler (jeweils 1,25 ha für cash crops: Mais, Saatmais; zzgl. Flächen zum Anbau für den Eigenbedarf)
- Planungen für ein Bewässerungssystem mittels Schwerkraft für 10 120 ha

eigene Zusammenstellung

M 10 Kenya Investment Authority

2004 Gründung der staatlichen *Kenya Investment Authority* zur Förderung eines exportorientierten Agrobusiness und von großflächigen Bewässerungsanlagen; Werbeslogan: „affordable labour and agricultural land"

seit 2007 Planung von mindestens zwölf Agroprojekten in der Tana River County, nahezu ausschließlich in deren südlichem Drittel, u. a.:

- 28 900 ha für Sonnenblumen, Rizinus (u. a. Ölpflanzen durch die britische Gesellschaft *G4 Industries*)
- 40 000 ha für den Anbau von Obst und Gemüse zum Export nach Qatar als Ausgleich für den Bau eines Tiefseehafens durch Qatar in Lamu

Zuckerrohr (jeweils mit eigenen Zuckerfabriken vor Ort):

- 26 700 ha als joint venture zwischen Kenia und der *Mumias Sugar Company;* in der Umgebung kleinbäuerlicher Zuckerrohr-Anbau und auf 2 000 ha Reis zur Versorgung der Beschäftigten
- 30 000 ha (insg. 20 000 Arbeitsplätze, Erweiterung um 90 000 ha in Planung) als joint venture zwischen Kenia und dem indischen Konzern *MAT International*

Jatropha zur Erzeugung von Biotreibstoffen:

- 50 000 ha durch *Jatropha Kenya Lt.,* kenianische Tochter einer italienischen Gesellschaft
- 360 000 ha durch die kanadische Firma *Bedford Biofuels*

seit 2011

- Einstellung des *G4-Industries*-Projekts, nach Aussage der Firma wegen der Auswirkungen des Klimawandels
- Proteste von Bevölkerung und Umweltschützern gegen den Beginn der Jatropha-Pflanzungen durch *Bedford Biofuels;* Bankrott der Firma 2013
- Rückzug der kenianischen Regierung aus dem joint venture mit *MAT International*

2012 Aufnahme des Deltas und seiner Feuchtgebiete in die *RAMSAR*-Liste, eine völkerrechtlich verbindliche Liste schützenswerter Feuchtbiotope (Planung 2005: 400 km^2, Ist-Situation 2015: 40 km^2)

2013 Urteil des High Court of Kenya, dass bei Landverkäufen/-verpachtungen nicht nur staatliche Stellen wie die *Kenya Investment Authority*, sondern auch die lokale Bevölkerung sowie Umweltschützer zu hören seien

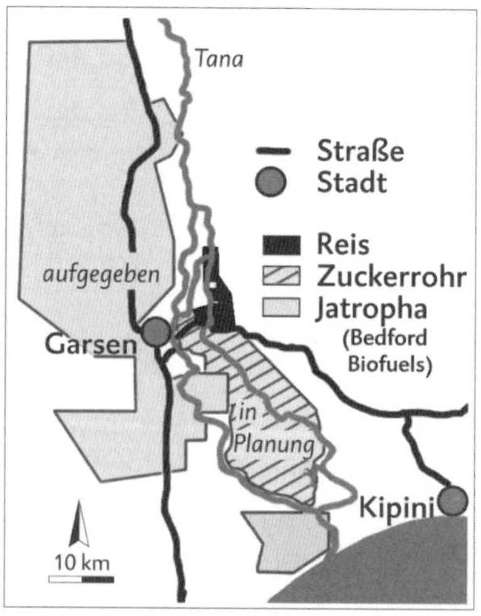

Projekte im südlichen Tana-Delta

eigene Darstellung und Zusammenstellung

Drucken Sie ggf. die Farbkarte aus dem Download-Bereich aus!

ERWARTUNGSHORIZONT

Name: ____________________

Inhaltlich-methodische Leistung

Teilaufgabe 1: Anforderungen

	Die Schülerin /Der Schüler	maximal erreichbare Punkte	erreichte Punkte
1	ordnet die Tana River County aufgabenbezogen räumlich ein, z. B.: • in Ost-Kenia, südlich und westlich des Tana, • am Indischen Ozean, nordwestlich des Tsavo-Nationalparks, • innerhalb des Städtedreiecks Garissa – Kipini – Malindi (M 1, M 2, M 6, M 10, Atlas).	3	
2	stellt Merkmale des Klimas der Region heraus, z. B.: • Niederschläge landeinwärts abnehmend: von küstennah über 1 600 mm/Jahr auf unter 400 mm/Jahr im äußersten Nordosten, • Wechsel zwischen Regen- und Trockenzeiten, entsprechend dem Zenitstand der Sonne, • tropisch-wechselfeucht und im Jahresverlauf kaum schwankende Temperaturen von 27 °C, • extreme Niederschlagsvariabilität (M 1, M 4, M 5).	5	
3	weist auf die abwechslungsreichen Feuchtgebiete in Küstennähe sowie die Trockenwälder und Dornstrauchsavannen im Landesinneren als vorherrschende Vegetationsformen hin (M 1, M 4).	4	
4	charakterisiert das Relief der County als flachwellige Ebene, deren Höhe nur allmählich von Meeresniveau bis auf 200 m und nur im äußersten Norden darüber ansteigt (M 1, M 7).	4	
5	verweist auf hydrologische und pedologische Folgen des Klimas, des Reliefs und der Vegetationsbedeckung, z. B.: • bis auf den in schneebedeckten Gebirgsregionen entspringenden Tana keine ganzjährig wasserführenden Flüsse, • starke Wasserstandsschwankungen auch beim Tana, • periodischer Wechsel zwischen weit ins Land vordringenden Überflutungen und völligem Austrocknen der Flüsse, • mit Ausnahme der Alluvialböden in Flussnähe aufgrund des tropischen Klimas und des geringen Anfalls organischen Materials wenig fruchtbare, insgesamt erosionsgefährdete Böden (M 1, M 2, M 4–M 7).	5	
6	fasst seine Ergebnisse dahingehend zusammen, dass der Naturraum der County ökologisch in hohem Maße labil und gefährdet ist.	4	
7	erfüllt ein weiteres aufgabenbezogenes Kriterium (max. 3 Punkte).		
	Summe erste Teilaufgabe	**25**	

Teilaufgabe 2: Anforderungen

	Die Schülerin / Der Schüler	maximal erreichbare Punkte	erreichte Punkte
1	verdeutlicht demographische und sozioökonomische Merkmale der County, z. B.: • Nebeneinander zahlreicher Ethnien mit unterschiedlichen Wirtschaftsweisen, • hohes Konfliktpotenzial zwischen den Bevölkerungsgruppen, • starkes Bevölkerungswachstum, • Dominanz des Agrarsektors, • mangelhafte Bildung, • trotz sehr hoher Anteile der im Agrarsektor Beschäftigten mangelhafte Ernährungssituation, • niedriges Einkommen (M 3, M 5).	5	
2	gibt Hinweise auf die infrastrukturelle Ausstattung der County, z. B.: • unzulängliche medizinische Versorgung, • kaum entwickeltes Straßennetz, • unbefriedigende Wohnungssituation, u. a. hinsichtlich der Ausstattung der Häuser (M 3).	4	
3	stellt fest, dass die County hinsichtlich aller Merkmale hinter dem Entwicklungsstand Kenias zurückbleibt (M 3).	3	
4	weist auf räumliche Zusammenhänge hin zwischen der Naturausstattung der County, demographischen Strukturen und der Landnutzung, z. B.: • vorwiegend ackerbaulich geprägte Regionen im Süden, entlang der Flüsse sowie Gebiete mit dominanter Viehhaltung im (Nord-)Osten, • unterschiedliche Anbausysteme wie Regen- und Überschwemmungsfeldbau sowie Anbau unter künstlicher Bewässerung auf der einen und nomadische Viehhaltung auf der anderen Seite, • Feldfrüchte und Nutztiere mit deutlich unterschiedlichem Feuchtigkeits- / Wasserbedarf (M 6 – M 8).	8	
5	verweist auf weitere agrarstrukturelle Merkmale, z. B.: • Besitzstruktur: v. a. geringer Anteil von Land in Privatbesitz, • Betriebsgrößenstruktur: v. a. hoher Anteil von Klein- und Kleinstbetrieben, • Produktionsstruktur: v. a. das Nebeneinander von Produkten zur Selbstversorgung und von Überschüssen, die vermarktet werden (M 6 – M 8).	6	
6	verdeutlicht, dass die Erträge sowohl im Bereich Ackerbau als auch im Bereich tierischer Produktion deutlich hinter den Ertragszahlen Kenias zurückbleiben (M 8).	4	
7	erfüllt ein weiteres aufgabenbezogenes Kriterium (max. 4 Punkte).		
	Summe zweite Teilaufgabe	**30**	

Teilaufgabe 3: Anforderungen

	Die Schülerin /Der Schüler	maximal erreichbare Punkte	erreichte Punkte
1	erarbeitet wesentliche Gemeinsamkeiten der von der „Kenya Investment Authority“ in der Tana River County geförderten Projekte, z. B.: • Lage im Süden der County, • Fläche: jeweils mehrere zehntausend Hektar, • Fokussierung auf den Anbau von cash crops, • Exportorientierung bzw. Produktion von Gütern wie Sonnenblumenöl oder Biodiesel, die für die Bevölkerung der County nicht oder kaum erschwinglich sein dürften, • Beteiligung ausländischer Firmen (M 10).	5	
2	problematisiert diese Projekte, z. B.: • der mit Blick auf den hohen Anteil von Land in Staatsbesitz lange Zeit praktizierte Verzicht auf eine Beteiligung der lokalen Bevölkerung, • die weit verbreitete Korruption, • die geringere Erzeugung von Grundnahrungsmitteln angesichts der Lage dieser Projekte in den fruchtbarsten Regionen, • Erschwerung nomadischer Wanderungen durch großflächigen Anbau, • die mit Blick auf den Entwicklungsstand der County und das Bildungsniveau der Bevölkerung geringen Beschäftigungsmöglichkeiten für Ortsansässige, • die Zerstörung ökologisch wertvoller Feuchtgebiete (M 3, M 10).	7	
3	weist auf den andersartigen Charakter des Bura-Bewässerungsprojekts hin, z. B.: • Förderung kleinbäuerlichen Anbaus, • Fokussierung auf Produktion für den Eigenbedarf bzw. die lokale/regionale Bevölkerung, • Strahlkraft durch die Produktion von Saatgut (M 9).	4	
4	akzentuiert erwartbare Probleme bei der Umsetzung des Projekts, z. B.: • sehr geringe Größe der Farmen, die die Frage nach deren Rentabilität aufwirft, • hohe Kosten für ein Schwerkraftbewässerungssystem, • in ihrer Struktur ähnliche Vorgänger-Projekte, die trotz damals massiver Förderung aus dem Ausland fehlgeschlagen sind, • zu erwartende Zunahme der Zahl von Jahren mit Dürren bzw. katastrophalen Überschwemmungen (M 5, M 9).	5	
5	formuliert abschließend eine differenzierte Stellungnahme zu beiden Projekttypen.	4	
6	erfüllt ein weiteres aufgabenbezogenes Kriterium (max. 3 Punkte).		
	Summe dritte Teilaufgabe	**25**	
	Summe der ersten bis dritten Teilaufgabe	**80**	

Info Eine Vorlage für die Bewertung der **Darstellungsleistung** finden Sie auf S. 30!
Einen **Muster-Erwartungshorizont** für Ihre Klausuren finden Sie im *Download-Bereich*!

Wirtschaftlicher Wandel altindustrialisierter Regionen – Das Beispiel Glasgow

Name: ______________________ Datum: ____________

Aufgabenstellung

1 **Lokalisieren** Sie Glasgow und **beschreiben** Sie die wirtschaftliche und demographische Situation um 1924. 25 P

2 **Erläutern** Sie die sozioökonomischen Entwicklungen, die sich nach 1924 ergeben haben. 30 P

3 **Nehmen** Sie **kritisch Stellung** zu den Clyde-River-Valley-Projekten. 25 P

Materialgrundlage

M 1 Atlaskarten nach Wahl
M 2 Wirtschaftsstruktur Glasgow 1924
M 3 Wirtschaftsstruktur Glasgow 2012
M 4 Industrielle Entwicklung Glasgows
M 5 Demographische Entwicklung Glasgows
M 6 Ökonomische Daten
M 7 Clyde-River-Valley-Projekte
M 8 Beispiel: Projekt Creative Clyde/Pacific Quay

Zugelassene Hilfsmittel

- der an der Schule in der Qualifikationsphase überwiegend verwendete Atlas, in einer für alle Schüler gleichen Auflage
- Wörterbuch zur deutschen Rechtschreibung
- Taschenrechner (wissenschaftlicher Taschenrechner ohne oder mit Grafikfähigkeit/CAS-Taschenrechner)

Info

Diese Klausur behandelt aus dem **Inhaltsfeld 4 „Bedeutungswandel von Standortfaktoren“** die Aspekte „Strukturwandel industriell geprägter Räume“ und „Herausbildung von Wachstumsregionen“.

M 1 Atlaskarten nach Wahl

M 2 Wirtschaftsstruktur Glasgow 1924

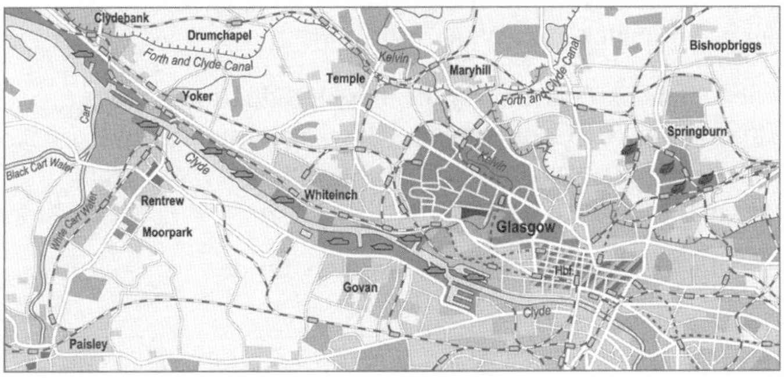

Quelle: © cartomedia, Karlsruhe

M 3 Wirtschaftsstruktur Glasgow 2012

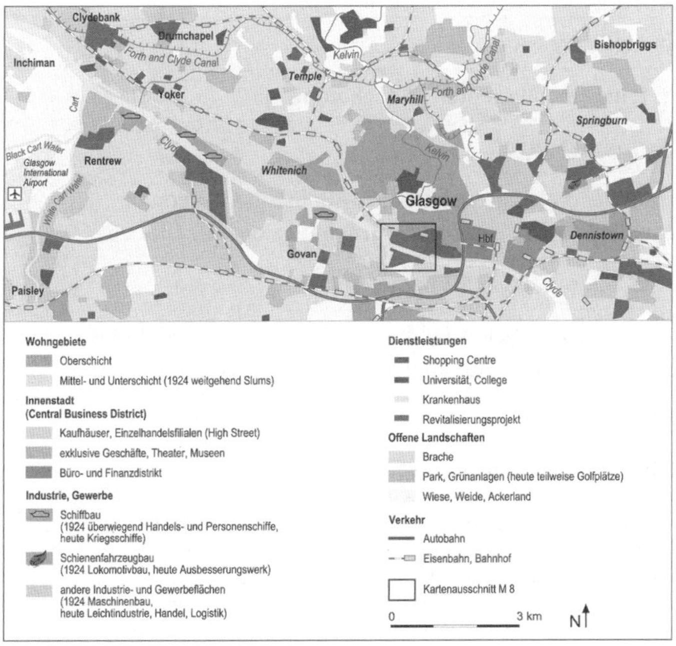

Quelle: © cartomedia, Karlsruhe

Drucken Sie die Farbkarten aus dem Download-Bereich aus oder kopieren Sie diese (Farbkarten am Ende des Bandes)!

M 4 Industrielle Entwicklung Glasgows

1770	Glasgow baut seine Stellung zum Seehafen aus; Grundlage: Schiffbarmachung des Flusses Clyde für größere Transportschiffe durch Vertiefung und Verbreiterung; Umschlagplatz für Tabak aus der Karibik; Bau von Kanälen zum Weitertransport
Beginn des 19. Jh.	Glasgow = bedeutendes Zentrum für die Textilproduktion; außerdem Produktion von Chemikalien, Glas, Papier und Seife; Bevölkerung: 77 000; Zuwanderung arbeitssuchender Bevölkerung aus den Highlands und aus Irland
1831	Fertigstellung der Garnkirk & Glasgow Railway für den Gütertransport
ab 1850	Spezialisierung auf Schwerindustrien wie Schiffs- oder Eisenbahnbau
Ende des 19. Jh.	Bevölkerung: 760 000; Erweiterung des Hafens durch Docks und Kais
1913/14	56 000 Arbeiter im Schiffsbau am River Clyde; ein Fünftel der Weltproduktion von Schiffen; Zuliefererindustrien Eisen und Stahl gewinnen an Bedeutung
1930er-Jahre	wirtschaftliche Depression
nach dem 2. Weltkrieg	Schiffbau erfährt einen erneuten Aufschwung
ab 1950	erste Standortschließungen
1961	650 000 Industriearbeiter in Schottland, alleine in Glasgow 390 000 Arbeiter; mit ca. 51 % aller Beschäftigten Allzeithoch
1966	Eröffnung des internationalen Flughafens
1975	Industriebeschäftigte in Schottland: über 600 000, ca. 300 000 in Glasgow; danach stetiges Sinken der Beschäftigtenzahlen
1981	190 000 Beschäftigte im produzierenden Gewerbe in Glasgow
1990	Glasgow wird Kulturhauptstadt Europas
1991	Arbeitsplätze in der Industrie in Glasgow um weitere 80 000 reduziert
2002	Arbeitsplätze im Schiffbau: 2 000
2006	Arbeitsplätze in der Industrie: ein Drittel aller Beschäftigten; Westschottland: 20 % Dienstleistungsbeschäftigte
2010	Beschäftigung in Glasgow: produzierendes Gewerbe 9,7 % Finanzdienstleistungen 27,8 % sonstige Dienstleistungen 62,5 %
2011	Anzahl Beschäftigte in der Industrie auf 50 000 gesunken; Ausweisung von vier Local Enterprise Areas* in Schottland: 16 Standorte mit spezifischer Ausrichtung auf Wachstumsbranchen

Anmerkung

* Gebiete, die entwickelt werden sollen, um Investoren und Unternehmen der Wachstumsbranchen anzuziehen. Staatliche Förderung in Form von Steuervergünstigungen oder der Abbau bürokratischer Hürden sollen dazu beitragen, diese Standorte attraktiv zu machen.

eigene Zusammenstellung

M 5 Demographische Entwicklung Glasgows

Bevölkerungsentwicklung 1801 bis 2016

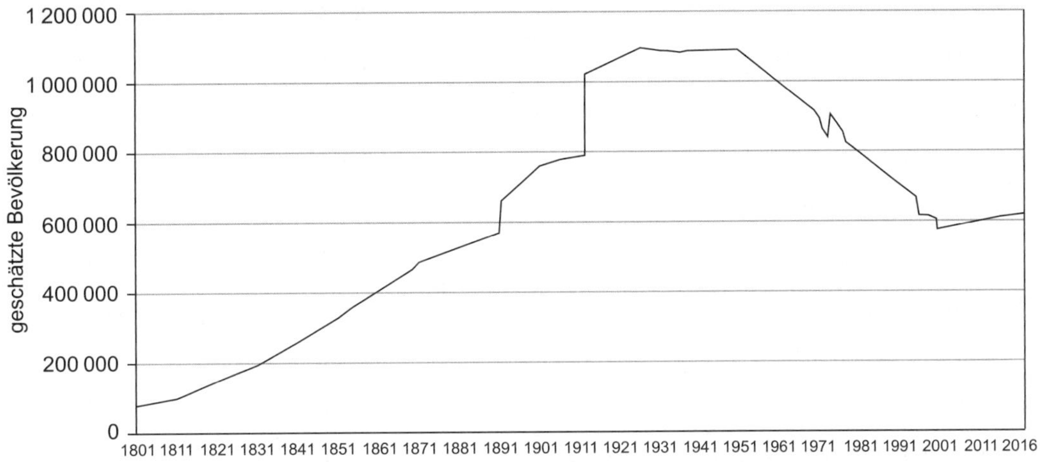

Bevölkerung 2016: 615 070 11,4 % der Bevölkerung Schottlands

Darstellung nach: Reports of Medical Officer of Health, Glasgow (1898,1925,1926,1972), General Register Office for Scotland (now National Records of Scotland (1973–2015); http://www.understandingglasgow.com/indicators/population/trends/historic_population_trend; https://www.nrscotland.gov.uk/files/statistics/council-area-data-sheets/glasgow-city-factsheet.pdf

Durchschnittliche Zu- und Abwanderung 2013–2015*

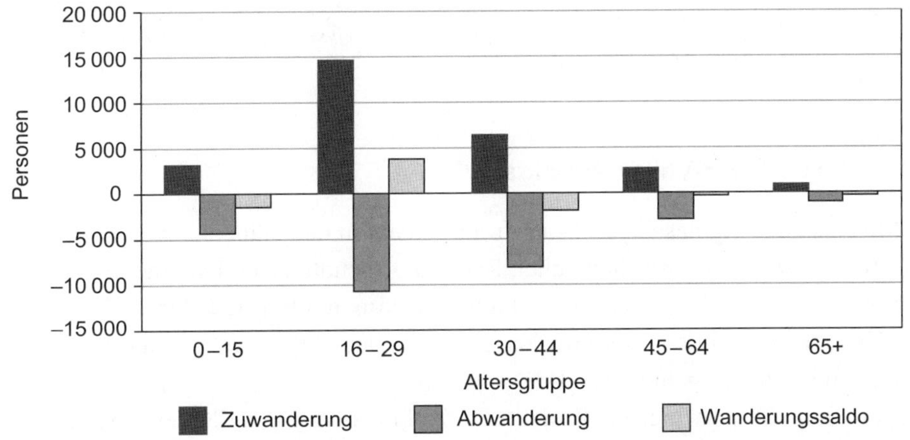

Anmerkung

* Die Daten basieren auf einem 3-Jahres-Durchschnitt und beinhalten die Binnenmigration innerhalb Schottlands und des Vereinigten Königreichs sowie die Emigration nach Übersee. Nicht berücksichtigt sind Asylsuchende und Wanderungsbewegungen der Militäreinheiten.

Darstellung nach: https://www.nrscotland.gov.uk/files/statistics/council-area-data-sheets/glasgow-city-factsheet.pdf; Government Open License v.3.0 © Crown Copyright 2017

M 6 Ökonomische Daten

Beschäftigte nach ausgewählten Wirtschaftsbereichen in Glasgow und Umsatz 2014

Wirtschaftsbereich	2008	2014	Umsatz 2014 (Mio. £)
Land-, Forstwirtschaft, Bergbau	5 200	4 200	k. A.
Produzierendes Gewerbe	21 600	19 100	3 486,8
Baugewerbe	20 500	16 000	2 211,6
Groß- und Einzelhandel	56 100	50 100	8 412,0
Transport und Logistik	15 400	12 800	1 201,5
Hotel und Gaststätten	28 600	27 300	1 034,5
Bildung und Gesundheit	41 700	39 000	k. A.
Information und Kommunikation	14 400	14 100	2 249,6
Kultur, Unterhaltung, Freizeit	8 900	9 700	1 936,0

Entwicklung der Arbeitslosenquote

	2005/06	2007/08	2009/10	2011/12	2013/14	2015/16
Glasgow	8,6	6,7	11,2	11,4	10,0	8,5
Schottland	5,6	4,9	6,7	8,0	7,5	5,8

eigene Zusammenstellung nach: http://www.understandingglasgow.com/indicators/economic_participation/unemployment/ilo_unemployment_trends/scottish_cities; Office for National Statistics, Annual Business Survey; Government Open License 3.0 v. © Crown Copyright 2017

M 7 Clyde-River-Valley-Projekte

- von 2003 bis 2014 lag das Clyde-Waterfront-Projekt in den Händen einer strategischen Partnerschaft zwischen der schottischen Regierung, schottischen Unternehmen, der Stadt Glasgow sowie den Gemeinden West Dunbartonshire und Renfrewshire
- 2013: Unterzeichnung des „Glasgow and Clyde Valley City Deal" getragen von acht Kommunen im Projektgebiet
- Projektumfang: 26 verschiedene Projekte ca. 20 km entlang des Flusses Clyde; Investitionen in Höhe von 154,6 Mio. £
- Finanzierung durch die britische und schottische Regierung (je 500 Mio. £ Darlehen über einen Zeitraum von 20 Jahren), die beteiligten Kommunen (130 Mio. £), das Wirtschaftsministerium (18,8 Mio. £) und das Arbeitsministerium (4,8 Mio. £ speziell für Programme zur Schaffung von Arbeitsplätzen in einem 3-Jahres-Zeitraum)
- Ziel: Förderung des wirtschaftlichen, sozialen und ökologischen Wandels entlang des Flusses Clyde

Zielsetzung	Maßnahmen u. a.
Verbesserung der Infrastruktur	Bereitstellung von 1,13 Mrd. £ zum Ausbau eines Transportnetzes sowie des Öffentlichen Personennahverkehrs
Wachstum von Unternehmen der Biotechnologie-Branche	Ansiedlung von hochrangigen Forschungs- und Entwicklungseinrichtungen
Unterstützung innovativer Geschäftsideen	Einrichtung von Gründerzentren und Angebot von Flächen für klein- und mittelständische Unternehmen
Bekämpfung von Arbeitslosigkeit	Schaffung von mehreren Tausend Arbeitsplätzen; Programme zur gezielten Unterstützung der 16–24-Jährigen sowie der bedürftigen Bevölkerung

eigene Zusammenstellung nach: http://www.glasgowcityregion.co.uk/; https://www.gov.uk/government/uploads/system/uploads/attachment_data/file/346278/Glasgow_Clyde_Valley_City_Deal.pdf; Government Open License 3.0 v.

M 8 Beispiel: Projekt Creative Clyde/Pacific Quay

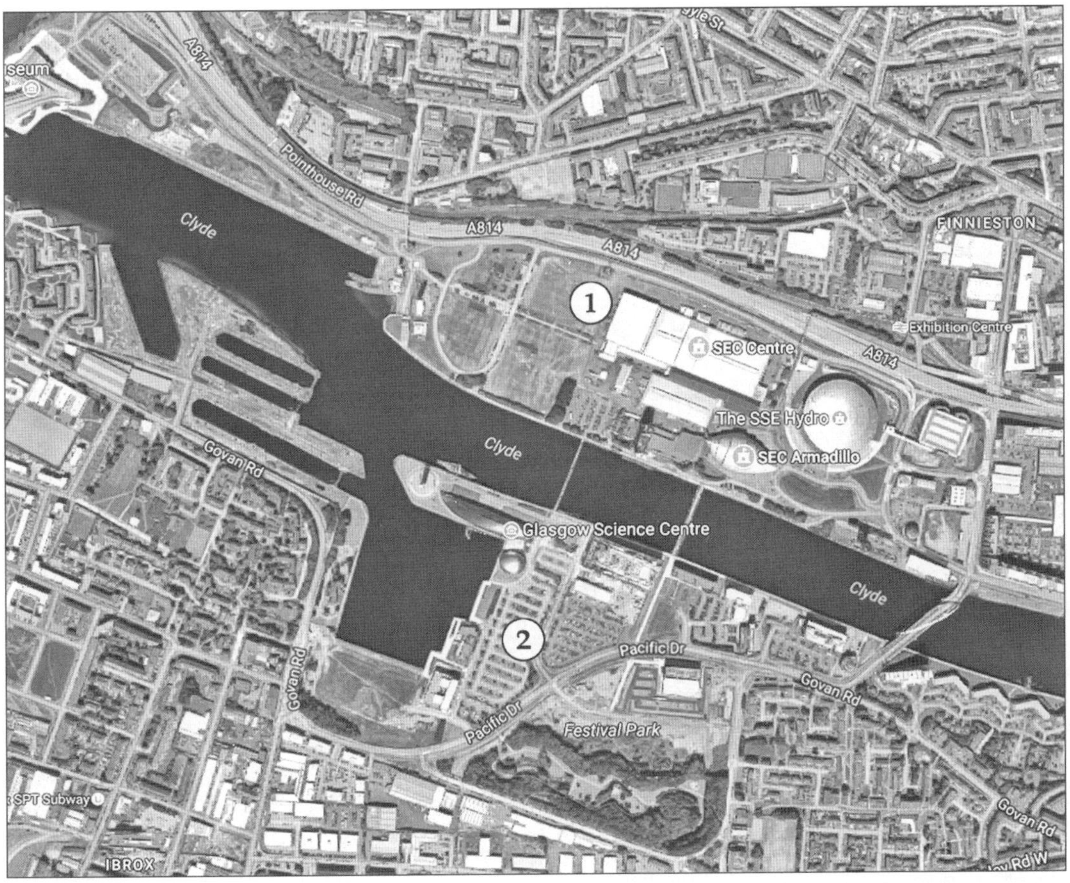

Quelle: Bilder © Google 2017; Kartendaten © Google 2017

Drucken Sie das Luftbild aus dem Download-Bereich aus oder kopieren Sie dieses (Farbkarten am Ende des Bandes)!

Entwicklungsbereiche des Projekts

1 Scottish Event Campus (SEC)	größter Veranstaltungsort Schottlands mit jährlich über 1 Mio. Besuchern
	„Exhibition and Conference Centre“ seit 1985 am ehemaligen Queens Dock
	Erweiterung um die SSE Hydro, eine Veranstaltungsarena für 12 000 Besucher
	Bau eines Parkhauses und mehrerer Hotels in unmittelbarer Nähe (Eröffnung 2013)
2 Pacific Quay: Standort für Medien und Kreativwirtschaft	*Kommerzielle Nutzung:* BBC Headquarters, 34 000 m^2
	Glasgow Science Centre: interaktive Ausstellung zu Wissenschaft und Technik, Standort von Scottish Television, Film City Glasgow, Radiosender Capital FM Scotland, Medienkonzern BIP Solutions, Digital Design Studios
	Wohnen: Neubau von Wohnhäusern mit Blick aufs Wasser
	Umgestaltung und Sanierung bestehenden Wohnraums im Umfeld

zusammengestellt nach: https://www.sec.co.uk/about-the-sec/history-of-the-sec; http://www.clydewaterfront.com/projects/pacific-quay--secc

ERWARTUNGSHORIZONT

Name: ____________________

Inhaltlich-methodische Leistung

Teilaufgabe 1: Anforderungen

	Die Schülerin /Der Schüler	maximal erreichbare Punkte	erreichte Punkte
1	ordnet Glasgow aufgabenbezogen räumlich ein: • Westen Schottlands, Nordwesteuropa, ggf. Peripherie Europas, • größte Stadt Schottlands, • Lage in räumlicher Nähe zur Mündung des River Clyde, Zugang zum Atlantik, • überregionale Anbindung durch Autobahnen, Zugverbindungen und internationalen Flughafen (M 1, M 2).	3	
2	stellt Merkmale der frühen industriellen Entwicklung dar, z. B.: • frühe Schiffbarmachung des Clyde für Überseeschiffe, • bedeutende Stellung als Seehafen im 18. Jahrhundert, • zunächst Umschlagplatz für Tabak, bis zum Beginn des 19. Jahrhunderts Zentrum der Textilindustrie, • 1831 Anschluss an das Güterverkehrsschienennetz, • Ausbau eines inländischen Wasserwegenetzes (M 1, M 2, M 4).	6	
3	zeigt räumliche Merkmale des Industriestandorts Glasgow um 1924 auf, z. B.: • zahlreiche Standorte des Schiffsbaus entlang des Clyde, • Konzentration des Schienenfahrzeugbaus im NO der Stadt, • ausgedehnte Industrieflächen anderer Industriebranchen entlang des Forth and Clyde Canal sowie in direkter Nachbarschaft der Unterschichtwohnviertel (M 2).	6	
4	verweist auf die Entwicklung zum Zentrum der Schwerindustrie, z. B. im Hinblick auf: *Verkehrsinfrastruktur:* • Ausbau des Hafens für größere Transportschiffe und Bau von Kanälen, • Bau eines verzweigten Eisenbahnnetzes zur Anbindung der innerstädtischen Industrieflächen sowie Anbindung ans überregionale Netz. *Produktionsstruktur 1913–14:* • 56 000 Arbeiter im Schiffsbau, • 20 % der Weltproduktion an Schiffen, • Aufbau eines Zulieferernetzes (M 1, M 2, M 4).	6	
5	führt Auswirkungen auf die Bevölkerung Glasgows an, z. B.: • Anstieg auf 77 000 Anfang des 19. Jahrhunderts, • explosionsartiger Anstieg auf das Zehnfache binnen 100 Jahren, • attraktiver Zuzugsort für Arbeitslose aus den schottischen Highlands und aus Irland (M 4).	4	
6	erfüllt ein weiteres aufgabenbezogenes Kriterium (max. 3 Punkte).		
	Summe erste Teilaufgabe	**25**	

Teilaufgabe 2: Anforderungen

	Die Schülerin / Der Schüler	maximal erreichbare Punkte	erreichte Punkte
1	zeigt die räumlichen Auswirkungen der weiteren Industrialisierung bis zu den 1960er-Jahren auf, z. B.: • Vergrößerung der städtischen Gesamtfläche, • Ausdehnung der Industrie- und Gewerbeflächen, insbesondere südlich des Clyde, • weiterer Ausbau der Verkehrsinfrastruktur, z. B. durch Autobahn und Flughafen (M 4).	4	
2	legt dar, dass trotz des ab den 1950er-Jahren einsetzenden Abbaus einzelner industrieller Standorte die Beschäftigungszahlen in der schottischen Industrie weiterhin hoch waren (M 4).	3	
3	führt den wirtschaftlichen Bedeutungsverlust der Industrie in Glasgow an, z. B.: • stetiger Rückgang der Beschäftigung in der Industrie, • Reduzierung der Standorte der Schwerindustrie, • nur noch geringe Umsätze (M 3 – M 4).	5	
4	verdeutlicht sozioökonomische Auswirkungen dieses Prozesses, z. B.: • sinkende Bevölkerungszahlen seit den 1960er-Jahren, • anhaltende hohe Abwanderung der Erwerbstätigen sowie der jüngeren Bevölkerung, • verglichen mit dem Landesdurchschnitt hohe und bis 2011/12 steigende Arbeitslosenquote (M 4, M 6).	5	
5	nennt als weitere Auswirkung die Entstehung von innerstädtischen Brachflächen (M 3).	3	
6	arbeitet die wesentlichen Merkmale des räumlichen und wirtschaftlichen Wandels heraus, z. B.: • Umnutzung ehemaliger Industrieflächen, u. a. für Shopping-Center, • Ansiedlung neuer Branchen, • deutlicher Bedeutungsgewinn des tertiären Sektors, • Revitalisierung der ehemals industriell genutzten Ufer des Clyde („waterfront development") (M 3, M 5 – M 8).	6	
7	schlussfolgert, dass durch gezielt eingesetzte öffentliche und private Investitionen sowie Veränderung von Standortfaktoren die Folgen der Deindustrialisierung aufgefangen und der Strukturwandel vorangetrieben werden sollen (M 3, M 4, M 7, M 8).	4	
8	erfüllt ein weiteres aufgabenbezogenes Kriterium (max. 4 Punkte).		
	Summe zweite Teilaufgabe	**30**	

Teilaufgabe 3: Anforderungen

	Die Schülerin / Der Schüler	maximal erreichbare Punkte	erreichte Punkte
1	charakterisiert die Clyde-River-Valley-Projekte anhand von Maßnahmen und Zielsetzung (M 7, M 8).	4	
2	konkretisiert diese anhand des Projekts Creative Clyde/Pacific Quay (M 7).	4	
3	stellt positive Argumente für diese Projekte heraus, z. B.: • ökonomische Belebung ehemaliger Industrieflächen, • Ausbau der Verkehrsinfrastruktur, • Diversifizierung der Wirtschaftsstruktur, • Ansiedlung von Wachstumsbranchen sowie national und international bedeutenden Unternehmen, • Beitrag zur Imageaufwertung und Schaffung eines positiven Wirtschaftsklimas (M 2, M 7–M 9).	4	
4	hebt in diesem Zusammenhang positive sozioökonomische Auswirkungen hervor, z. B.: • Belebung des Arbeitsmarktes durch Schaffung von Arbeitsplätzen in Wachstumsbranchen, • sinkende Arbeitslosenquote, • Aufwertung und Schaffung von Wohnraum in Flussnähe, • steigende Bevölkerungszahlen, • positive Wanderungsbilanz der 16–29-Jährigen (M 3, M 5, M 6, M 8).	5	
5	stellt kritische Aspekte heraus, z. B.: • hohes Investitionsvolumen, z. T. zulasten der Steuerzahler, • gewisse Abhängigkeit von Großbritannien, • nach wie vor im Vergleich mit Schottland hohe Arbeitslosenquote (M 3, M 5–M 8).	4	
6	formuliert abschließend ein begründetes Urteil.	4	
7	erfüllt ein weiteres aufgabenbezogenes Kriterium (max. 3 Punkte).		
	Summe dritte Teilaufgabe	**25**	
	Summe der ersten bis dritten Teilaufgabe	**80**	

Info

Eine Vorlage für die Bewertung der **Darstellungsleistung** finden Sie auf S. 30!

Einen **Muster-Erwartungshorizont** für Ihre **selbst erstellten Klausuren** finden Sie im *Download-Bereich* zum schnellen Herunterladen und einfachen Bearbeiten!

Innerstädtische Altindustrieflächen als Chance für eine zukunftsweisende Stadtentwicklung? – Das Beispiel Lindenauer Hafen in Leipzig

Name: ______________________ Datum: __________

Aufgabenstellung

1 **Lokalisieren** Sie Leipzig und **kennzeichnen** Sie die Entwicklung der Stadt seit 1830 und des Bereiches „Lindenauer Hafen“ seit 1938. 24 P

2 **Erläutern** Sie vor dem Hintergrund der bisherigen Stadtentwicklung das Projekt „Lindenauer Hafen“ und die damit verbundenen Zielsetzungen. 30 P

3 **Überprüfen** Sie, inwieweit das Projekt „Lindenauer Hafen“ zur Schaffung einer kompakten durchmischten Stadt beiträgt. 26 P

Materialgrundlage

M 1 Atlaskarten nach Wahl
M 2 Leipzig: Chronik des Wirtschaftsstandortes und des Lindenauer Hafens
M 3 Leipzig: Bevölkerung
M 4 Sachsen und Leipzig: Wanderungssaldo
M 5 Leipzig: Arbeitslosenquote
M 6 Leipzig: Immobilienmarkt
M 7 Lindenauer Hafen
M 8 Lindenauer Hafen: Chronik und Masterplan
M 9 Lindenauer Hafen: Projektbeschreibung – Umsetzungsphase I
M 10 Leitbild „Kompakte durchmischte Stadt“

Zugelassene Hilfsmittel

- der an der Schule in der Qualifikationsphase überwiegend verwendete Atlas, in einer für alle Schüler gleichen Auflage
- Wörterbuch zur deutschen Rechtschreibung
- Taschenrechner (wissenschaftlicher Taschenrechner ohne oder mit Grafikfähigkeit/CAS-Taschenrechner)

Info

Diese Klausur behandelt aus dem „**Inhaltsfeld 5: Stadtentwicklung und Stadtstrukturen**“ die Aspekte „Merkmale, innere Differenzierung und Wandel von Städten – Metropolisierung und Marginalisierung als Elemente eines weltweiten Verstädterungsprozesses“ und „Demographischer Wandel und sozialer Wandel als Herausforderung für zukunftsorientierte Stadtentwicklung“.

M 1 Atlaskarten nach Wahl

M 2 Leipzig: Chronik des Wirtschaftsstandortes und des Lindenauer Hafens

ab 1830	Beginn der Industrialisierung im Leipziger Raum; Eröffnung der ersten deutschen Eisenbahnfernverbindung zwischen Leipzig und Dresden 1839
	Sicherung der Rolle Leipzigs als deutsches Handelszentrum mit internationaler Bedeutung
	industrieller Aufschwung, Bevölkerungswachstum
1910	viertgrößte Stadt Deutschlands; Zentrum der metallverarbeitenden Industrie, der Druckindustrie, des Maschinenbaus, des Verlagswesens, der Textilindustrie, des Baugewerbes und der chemischen Industrie
	bedeutender Messestandort (Leipziger Messe)
1933	Baubeginn des Elster-Saale-Kanals, eines Kanalprojektes zwischen der Weißen Elster und der Saale im Raum Halle mit dem Ziel, Leipzig über den Karl-Heine-Kanal sowie über die Elbe an das norddeutsche Wasserstraßennetz anzubinden
	Einstellung des Projektes 1943
1938	Baubeginn des Lindenauer Hafens als Industrie- und Umschlaghafen mit je zwei Industrie- und Umschlaghafenbecken; vorgesehene Ausmaße: Länge = 1 000 m, Breite = 70 m, zwei Kaianlagen
	Einstellung des Projektes 1943 trotz Fertigstellung großer Teile der Hafenanlagen
seit 1945	bedeutender Industrie- und Messestandort
	Ausbau des Braunkohletagebaus, der Energieerzeugung und der chemischen Industrie im Süden der Stadt
1990	erheblicher Verlust von Betrieben des produzierenden Gewerbes in der Zeit nach der Wiedervereinigung Deutschlands, Niedergang des Braunkohletagebaus
bis 1996	Nutzung der bereits fertiggestellten Speicher- und Lagergebäude des Lindenauer Hafens
seit 1997	Verfall der unter Denkmalschutz gestellten Hafengebäude auf 40 ha großem Areal
seit 2000	Ansiedlung der Automobilindustrie (BMW, Porsche), der Hoch– und Biotechnologie sowie der Logistikbranche (Standort für neues europäisches Luftdrehkreuz der Deutsche-Post-Tochter DHL)

zusammengestellt nach: www.leipzig.de; www.wikipedia.org; www.rottenplaces.de

M 3 Leipzig: Bevölkerung

Jahr	Insgesamt	Fläche (km²)	Bevölkerungsdichte (Einw. je km²)
1880	149 081	17,7	8 423
1900	456 156	58,5	7 798
1920	604 397	88,5	6 829
1940	702 155	141,1	4 976
1960	589 632	138,3	4 263
1980	562 480	144,0	3 906
2000	493 208	297,4	1 658
2015	560 472	297,4	1 885

zusammengestellt nach: Statistisches Jahrbuch Leipzig 2016, S. 15; Statistisches Landesamt Sachsen, Amt für Statistik und Wahlen Leipzig

M 4 Wanderungssaldo

Sachsen: Wanderungssaldo 2011–2015

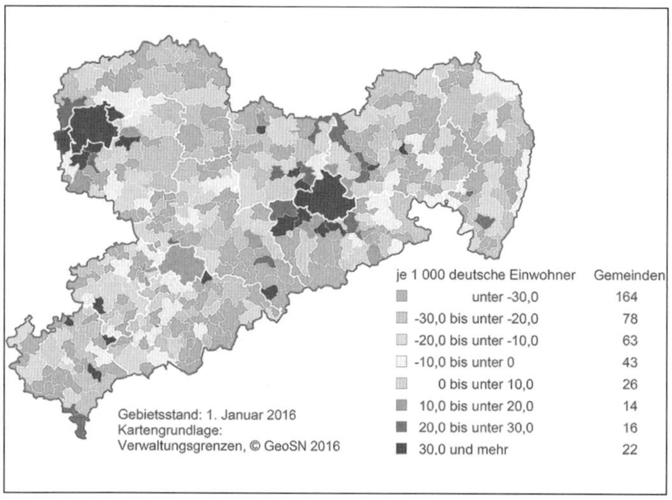

Quelle: Statistisches Landesamt Sachsen

Drucken Sie die Farbkarte aus dem Download-Bereich aus oder kopieren Sie diese (Farbkarten am Ende des Bandes)!

Leipzig: Wanderungssaldo 2006–2015

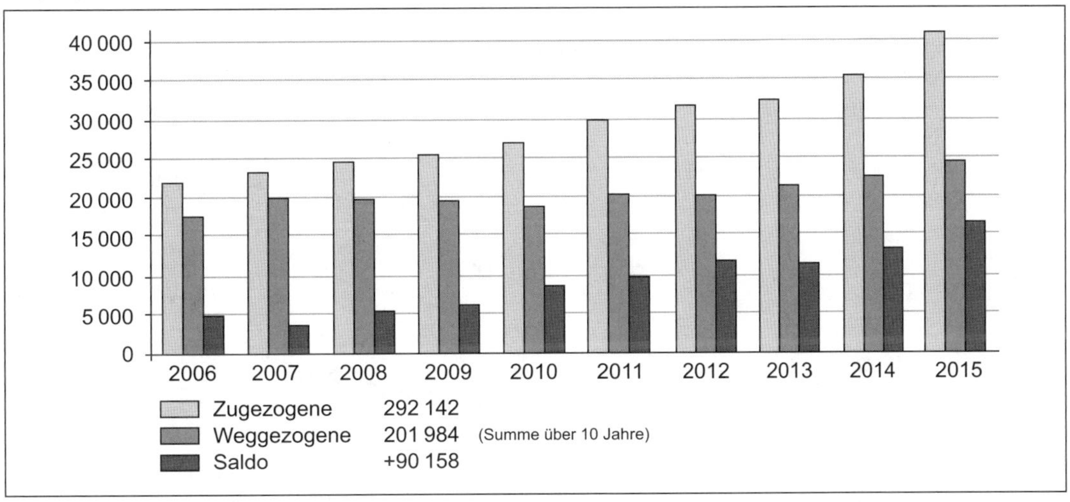

Quelle: Statistisches Jahrbuch Leipzig 2016, S. 44; Daten: Ordnungsamt/Einwohnerregister; Amt für Statistik und Wahlen Leipzig

M 5 Leipzig: Arbeitslosenquote

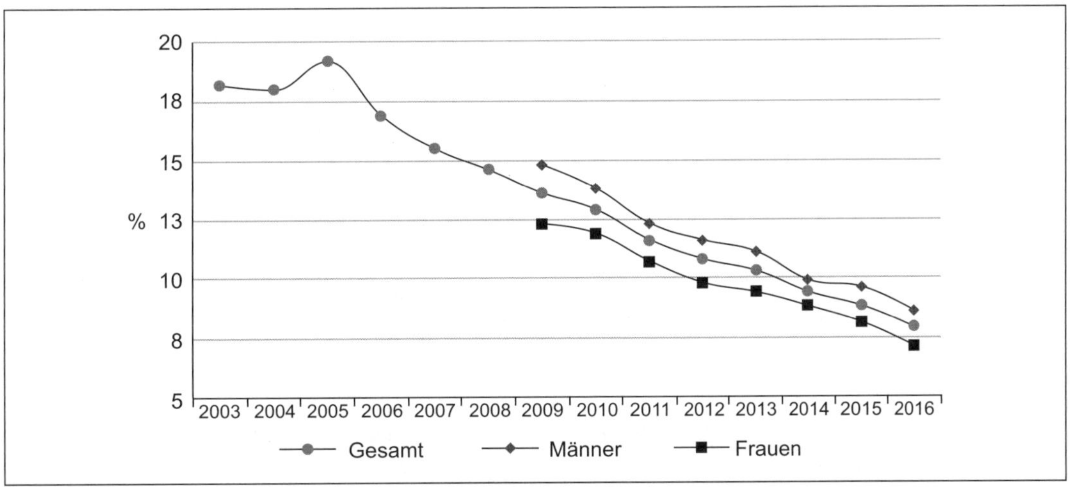

Quelle: Stadt Leipzig; http://statistik.leipzig.de/(S(dyqkue45qushjl451wda3255))/statcity/chart.aspx?cat=7&rub=3&obj=0&per=y

M 6 Leipzig: Immobilienmarkt

Entwicklung der Mietpreise für Neubauwohnungen

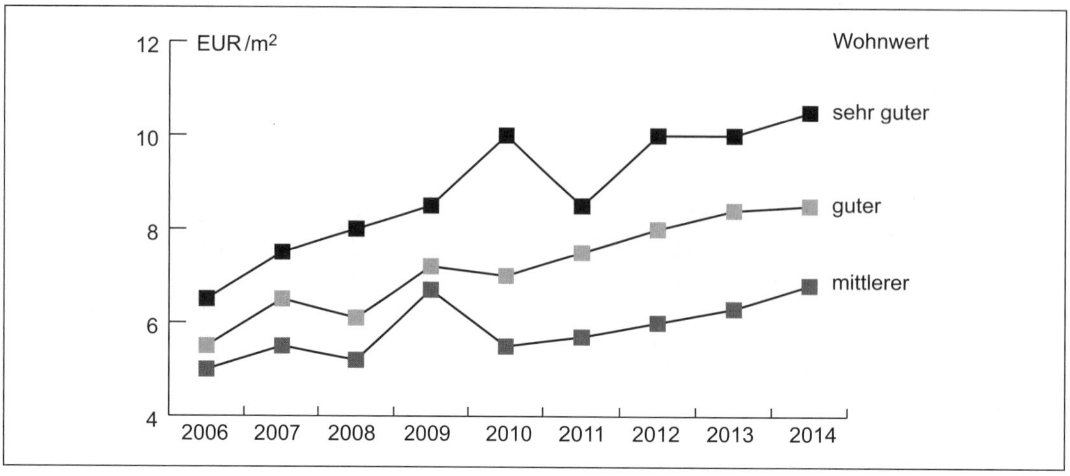

Anmerkung
Im Umfeld des Lindenauer Hafens werden Durchschnittsmieten von 5,10 bis 5,40 EUR/m² erzielt.

Entwicklung der Kaufpreise für Neubauwohnungen

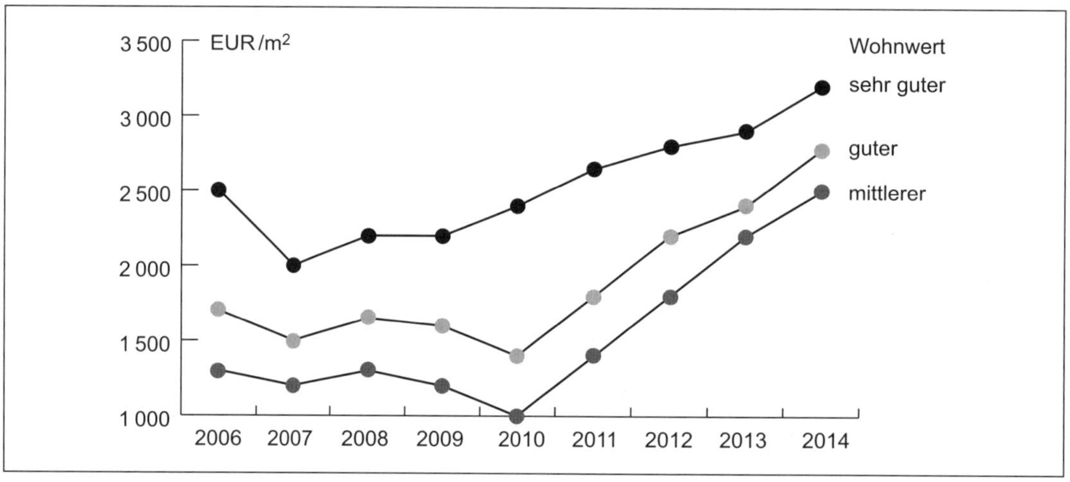

Anmerkung
Im Umfeld des Lindenauer Hafens werden aktuell keine Neubauwohnungen angeboten. Bei Bestandswohnungen liegt der Kaufpreis bei ca. 1 400 EUR/m².

Darstellung nach Daten: IVD-Wohn-Preisspiegel 2006 bis 2014

M 7 Lindenauer Hafen

Quelle: Büro für urbane Projekte i.A. LESG: Stadt Leipzig – Lindenauer Hafen in Leipzig

Drucken Sie ggf. das Luftbild aus dem Download-Bereich aus!

M 8 Lindenauer Hafen: Chronik und Masterplan

1998–1999	Planung für Olympiabewerbung 2012; alternative Gewerbenutzung im Lindenauer Hafen
2004	Sanierungssatzung; Entwicklung eines gemischt genutzten Quartiers am Wasser; Einbindung in touristisches Wege- und Wasserstraßennetz Leipzigs
2005	Ausweisung der Hafenareale als städtischer Schwerpunktraum
2009–2011	Entwicklung des Masterplans zur Erschließung, Bebauung und Freiraumgestaltung
2014	Entstehung eines neuen Stadtquartiers südlich der alten Speichergebäude
2013–2015	Eröffnung der Verbindung zwischen Lindenauer Hafen und Karl-Heine-Kanal; Durchstich und Flutung des Flussbettes
2017	Baubeginn Quartierentwicklung Lindenauer Hafen mit 500 Wohneinheiten als Eigentums- und Mietwohnungen, einer Kindertagesstätte sowie Flächen für Selbstnutzer und Gewerbe
2018–2020	Fertigstellung des Projektes Lindenauer Hafen (Phase I), Baubeginn für Durchstich zum Elster-Saale-Kanal

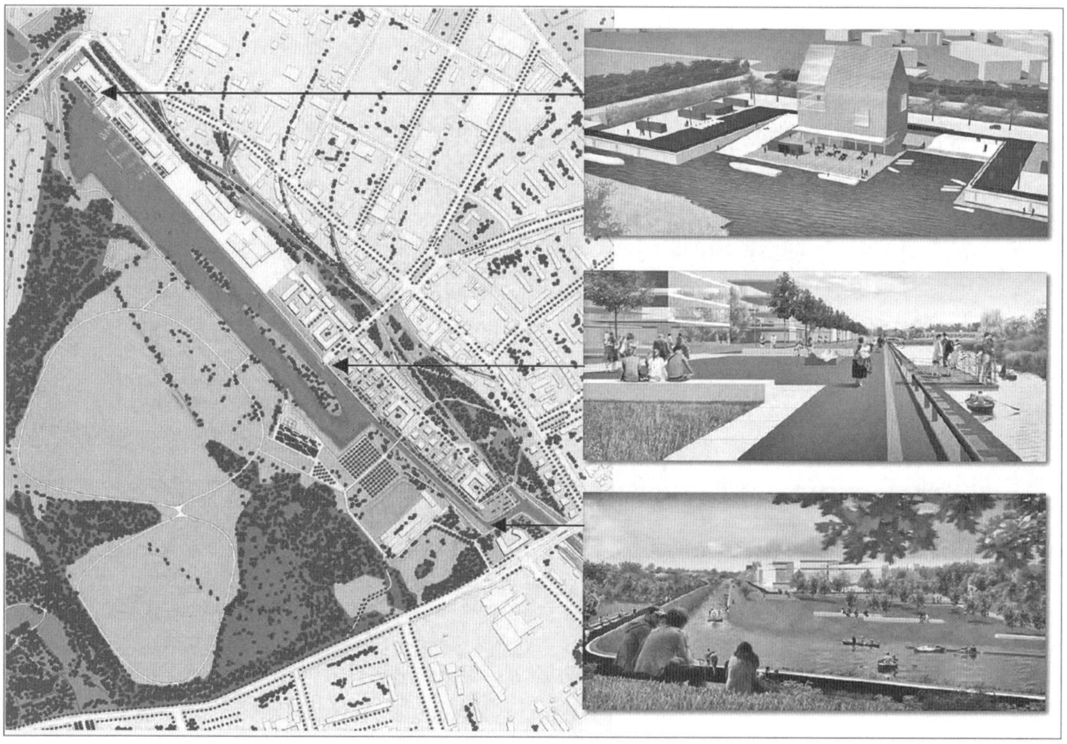

Phase I: Erschließung, Entwicklung und Vermarktung des Sanierungsgebietes; Herstellung einer Kanalverbindung

Phase II: Entwicklung und Vermarktung des Yachthafens Lindenau

Phase III: Erwerb, Freilegung und Renaturierung des Westufers

Quelle: Büro für urbane Projekte i. A. LESG: Stadt Leipzig – Lindenauer Hafen in Leipzig

Drucken Sie ggf. die Farbabbildungen aus dem Download-Bereich aus!

M 9 Lindenauer Hafen: Projektbeschreibung – Umsetzungsphase I

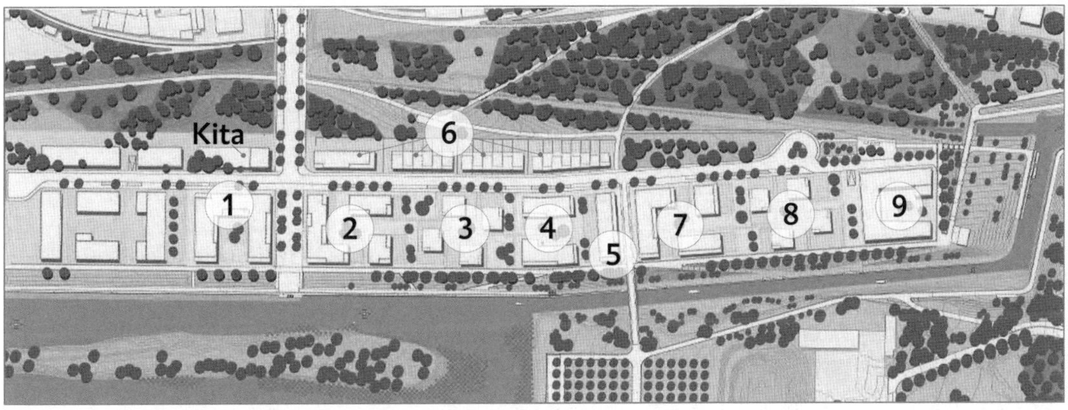

	Gebäudetypologie	Bauliche Nutzung
Kita	Zeile	Kindertagesstätte
1	vorwiegend geschlossener Block	geschlossene Bebauung mit gewerblicher Erdgeschossnutzung (Läden, Gastronomie, Dienstleistungen) und differenziertem Wohnungsangebot
2, 4, 7, 9	geöffneter Block	Geschosswohnungsbau; differenziertes Wohnangebot aus Miet- und Eigentumswohnungen mit gewerblichem Anteil; angestrebte Mischnutzung
3, 5, 6, 8	Stadtvillen, Stadthäuser (Zeilen)	differenziertes Wohnangebot aus Miet- und Eigentumswohnungen; freistehende Mehrparteienhäuser in Geschossbauweise; Baugruppen/Selbstnutzer

Lage	im Westen Leipzigs
	Entfernung zum Stadtzentrum: 4,5 km
Anbindung an die Leipziger Innenstadt	Anbindung an das städtische Straßenbahn- und Straßennetz sowie an zwei Buslinien und das Leipziger Wasserstraßennetz
	Entfernung Innenstadt: 16 Pkw-Min./6,5 km
	Entfernung Hauptbahnhof Leipzig: 17 Pkw-Min./7 km
	Entfernung Autobahn A9 via B 181: 13 Pkw-Min./9 km
	Entfernung Flughafen Leipzig/Halle: 23 Pkw-Min./17 km
Projekt	multifunktionales, sozial gemischtes Stadtquartier
	Investitionsvolumen: 16 Millionen Euro
Beschreibung	Entwicklung des 40 000 m² großen Geländes im Rahmen des städtebaulichen Konzeptes der Stadt Leipzig
	durchschnittl. Wohnungsgröße: 84 m²; durchschnittl. Gewerbefläche: 75 m²; Mietobergrenze: 6,50 EUR/m² Kaltmiete (Durchschnitt in Leipzig: 6,00 EUR/m²)
	Raum für Dienstleistungs- und Büronutzungen sowie gastronomische und wasseraffine Angebote

zusammengestellt nach: www.leipzig.de; diverse Informationen zum Stadtentwicklungsprojekt Lindenauer Hafen

M 10 Leitbild „Kompakte durchmischte Stadt"

Die vier zentralen Bedingungsfelder der „Kompakten durchmischten Stadt"

1	**Hohe Baudichte**	Trendumkehr von disperser Siedlungsentwicklung und ungesteuerter Suburbanisierung hin zur verdichteten Stadt
		Vorrang für Innenentwicklung und Nachverdichtung
		Konzentration der Verdichtung an den Haltepunkten des ÖPNV
		Konzentration der Verdichtung für alle Nutzungen (Wohnungsbau, Industrie- und Gewerbebau)
2	**Nutzungsmischung**	Trendumkehr von monofunktionalen hin zu möglichst feinkörnig funktionsgemischten Strukturen
		Stadtteile statt Siedlungen
		Erhalt bestehender Nutzungsmischung
		nachträgliche Nutzungsanreicherung in bisher monofunktional strukturierten Gebieten
3	**Öffentliche Räume**	Stützung öffentlichen Lebens durch belebte Erdgeschosszonen sowie Straßenräume und Plätze als Trendumkehr zur wachsenden Tendenz der Privatisierung des öffentlichen Raums
4	**Ökologisch aufgewertete Räume**	Verbesserung der „Aufenthaltsqualitäten" in Quartieren zur Stärkung der nahräumlichen Orientierung in Freizeit und Versorgung
		Wohnumfeldverbesserung; Verkehrsberuhigung

zusammengestellt nach: J. Jessen: Leitbild kompakte und durchmischte Stadt, in: Geographische Rundschau 7/8, Westermann 2000, S. 49

ERWARTUNGSHORIZONT

Name: ______________________

Inhaltlich-methodische Leistung

Teilaufgabe 1: Anforderungen

	Die Schülerin /Der Schüler	maximal erreichbare Punkte	erreichte Punkte
1	verortet Leipzig aufgabenbezogen: • Lage im Zentrum der Leipziger Tieflandbucht im Nordwesten des Freistaates Sachsen, • Lage am Zusammenfluss von Weißer Elster, Pleiße und Parthe (M 1, M 2).	3	
2	identifiziert wesentliche ökonomische Aspekte der städtischen Entwicklung, z. B.: • Industrialisierung und Entwicklung zum Industrie- sowie Messestandort, • Infrastrukturausbau als Motor der Stadtentwicklung, • neuer Schwerpunkt chemische Industrie zur Zeit der DDR, • Deindustrialisierungstendenzen im Zuge der Wiedervereinigung Deutschlands und anschließende Reindustrialisierung, • wirtschaftlicher Aufschwung durch Ansiedlung der Automobilindustrie, zukunftsfähiger Wachstumsbranchen und Logistikunternehmen (M 1, M 2).	6	
3	stellt demographische und ökonomische Aspekte der Entwicklung der Stadt Leipzig heraus, z. B.: • starke Bevölkerungsentwicklung bis Mitte des 20. Jahrhunderts, danach Rückgang und erneute positive Entwicklung seit dem Jahr 2000, • hohe Arbeitslosenquote bis 2005, danach Absinken auf 8 % und damit weniger als die Hälfte (M 2, M 3, M 5).	3	
4	verdeutlicht die Entwicklung des Leipziger Stadtgebietes, z. B.: • flächenmäßige Verdoppelung durch Eingemeindungen bis 2000, • zunehmend positiver Wanderungssaldo im Zeitraum 2006–2015, • erhebliche Wanderungsgewinne im Unterschied zum Umland 2011–2015, • deutliche Steigerung der Miet- und Kaufpreise von Neubauwohnungen von 2006 bis 2014, • Notwendigkeit der Schaffung von neuem Wohnraum (M 3–M 6).	3	
5	ordnet die jüngere Entwicklung als Prozess der Bevölkerungsurbanisierung ein (M 3, M 4).	3	

6	charakterisiert wesentliche Aspekte der Hafenentwicklung, z. B.: • Zielsetzung 1938: Lindenauer Hafen als Impulsgeber der wirtschaftlichen Entwicklung, • Bau der Hafenanlagen als Industrie- und Umschlaghafen im Südwesten der Stadt Leipzig mit Anbindung an das Kanal- und Flussnetz zur Nordsee, • Einstellung der Hafenplanungen im Zweiten Weltkrieg, • Nutzung der Hafenanlagen erst in den 1990er-Jahren, • Verfall alter Hafengebäude nach 1997, • Masterplan 2004 (M 1, M 2, M 7, M 8).	6	
7	erfüllt ein weiteres aufgabenbezogenes Kriterium (max. 3 Punkte).		
	Summe erste Teilaufgabe	**24**	

Teilaufgabe 2: Anforderungen

	Die Schülerin /Der Schüler	maximal erreichbare Punkte	erreichte Punkte
1	legt dar, dass im Zuge der industriellen Nutzungseinstellung des Lindenauer Hafens erhebliche Brachflächen in unmittelbarer Nähe zur Innenstadt entstanden sind (M 2, M 7–M 9).	3	
2	zeigt wesentliche Charakteristika des Projektes „Lindenauer Hafen" auf, z. B.: • zentrale Entwicklungskonzeption zur Umstrukturierung des alten Hafens, • städtebauliches Großprojekt, das eine Mischnutzung von Wohnen, Arbeiten und Freizeit vorsieht, • physiognomisch deutliche Unterscheidung der Bauvorhaben von den ursprünglichen Hafenanlagen (M 7–M 9).	6	
3	zeigt auf, dass es sich um ein öffentlich initiiertes und gefördertes Stadtbauprojekt handelt (M 8).	3	
4	führt positive Folgen des Kanalausbaus an: • Schaffung einer attraktiven Lage am Wasser („waterfront development"), • gute verkehrsinfrastrukturelle Anbindung, • ein großes Potenzial an Revitalisierungsmöglichkeiten (M 2, M 7–M 9).	3	
5	führt differenziert aus, dass Maßnahmen zur Wohnumfeldverbesserung eingeleitet werden sollen, z. B.: • Bau/Ausbau von Freizeit- und Tourismusangeboten, • Bau/Ausbau von Erholungs- bzw. Grünflächen, • Sanierung und Renovierung des Hafenbeckens und alter Speichergebäude (M 8, M 9).	6	

6	verdeutlicht, dass mit dem Entwicklungsvorhaben gezielt versucht wird, durch die Bereitstellung von attraktivem Wohnraum in Innenstadtnähe den jüngeren demographischen Veränderungen, der Zuwanderung aus dem Umland, zu begegnen (M 4, M 8–M 9).	3	
7	führt Baumaßnahmen als Reaktion auf den zu erwartenden Bevölkerungszuwachs an: • 500 Wohneinheiten als Eigentums- und Mietwohnungen, • Flächen für Selbstnutzer und Gewerbe (M 4, M 8–M 9).	3	
8	schlussfolgert, dass das Projekt als Revitalisierungsmaßnahme zur Stärkung des Wohn- und Dienstleistungsstandortes Leipzig geplant ist (M 4–M 9).	3	
9	erfüllt ein weiteres aufgabenbezogenes Kriterium (max. 4 Punkte).		
	Summe zweite Teilaufgabe	**30**	

Teilaufgabe 3: Anforderungen

	Die Schülerin /Der Schüler	maximal erreichbare Punkte	erreichte Punkte
1	verweist auf die vier Bedingungsfelder der „Kompakten durchmischten Stadt" (M 10).	4	
2	stellt positive Argumente für die Entwicklung des Projektes „Lindenauer Hafen" fest, z. B.: • Sanierung eines Großteils des ehemals baufälligen Hafengeländes und ökonomische Belebung, • Schaffung neuer öffentlicher Räume mit Nutzungsmischung, • Beitrag zur Imageaufwertung und Attraktivitätssteigerung der Stadt (M 2, M 7–M 9).	4	
3	sichert seine positiven Argumente durch Bezugnahme auf das Leitbild der „Kompakten durchmischten Stadt" ab, z. B.: • stadtplanerische Maßnahmen zur Schaffung einer verdichteten Siedlungsweise mit Fokus auf Nachverdichtung (Bedingungsfeld 1), • Schaffung eines konzentrierten und funktionsgemischten Stadtquartiers (Bedingungsfelder 1 und 2), • Realisierung eines lebendigen städtischen Raumes mit qualitativ hochwertigen öffentlichen Plätzen und ökologisch aufgewerteten Arealen (Bedingungsfelder 3 und 4) (M 2, M 7–M 10).	5	
4	weist auf mögliche Problemfelder kritisch hin, z. B.: • Lage und Baumaßnahmen zielen auf eher einkommensstarke Bevölkerungsschichten, • maximale Auslastung der Wohneinheiten ergibt nur sehr begrenzten Impuls für den Wohnungsmarkt Leipzigs, • Probleme einer mangelnden sozialen Durchmischung sind sehr wahrscheinlich (M 4–M 6, M 8–M 10).	4	

5	merkt mit Bezug auf das Leitbild der „Kompakten durchmischten Stadt" kritisch an, was die Entwicklungschancen des Projektes „Lindenauer Hafen" ggf. relativieren könnte, z. B.: • Abhängigkeit von Finanzmitteln aus öffentlichen Fördermaßnahmen, • geringes geplantes Investitionsvolumen von 16 Millionen Euro, • fragwürdiger, sehr kurzer Realisierungszeitplan, • einseitige soziostrukturelle Entwicklung (M 6, M 8, M 9).	5	
6	kommt abschließend zu einem begründeten Urteil.	4	
7	erfüllt ein weiteres aufgabenbezogenes Kriterium (max. 3 Punkte).		
	Summe dritte Teilaufgabe	**26**	
	Summe der ersten bis dritten Teilaufgabe	**80**	

Darstellungsleistung

	Die Schülerin /Der Schüler	maximal erreichbare Punkte	erreichte Punkte
1	strukturiert ihren/seinen Text schlüssig, stringent sowie gedanklich klar und bezieht sich dabei genau auf die Aufgabenstellung.	5	
2	bezieht beschreibende, deutende und wertende Aussagen schlüssig aufeinander.	4	
3	belegt ihre/seine Aussagen durch angemessene und korrekte Nachweise (Zitate u. a.).	3	
4	formuliert unter Beachtung der Fachsprache präzise und begrifflich differenziert.	4	
5	schreibt sprachlich richtig (Grammatik, Orthographie, Zeichensetzung) sowie stilistisch sicher.	4	
	Summe Darstellungsleistung	**20**	
	Summe inhaltlich-methodische Leistung	**80**	
	Gesamtsumme	**100**	

Info Einen **Muster-Erwartungshorizont** für Ihre **selbst erstellten Klausuren** finden Sie im *Download-Bereich* zum schnellen Herunterladen und einfachen Bearbeiten!

China – ein deutscher Automobilstandort als Big Push für Chinas Westen?

Name: ______________________ Datum: ____________

Aufgabenstellung

1 **Lokalisieren** Sie Urumqi und **kennzeichnen** Sie die regionale wirtschaftliche Entwicklung in China. 24 P

2 **Erläutern** Sie die Entwicklung des chinesischen Automobilmarktes. 30 P

3 **Nehmen** Sie **kritisch Stellung** zu dem VW-Montagewerk in Urumqi als Motor der regionalen Entwicklung. 26 P

Materialgrundlage

M 1 Strukturdaten der Volksrepublik China
M 2 China – Jährliches Pro-Kopf-Einkommen in den Provinzen
M 3 China – Eckdaten zum Arbeitsmarkt und Lohnniveau
M 4 Chinas Automobilmarkt
M 5 Zahl der verkauften Pkw in China
M 6 VW–Produktionsstandorte 2015
M 7 Volkswagen China – Montagewerk in Urumqi, Provinz Xinjiang
M 8 Pressestimmen zur VW-Werkseröffnung in Urumqi

Zugelassene Hilfsmittel

- der an der Schule in der Qualifikationsphase überwiegend verwendete Atlas, in einer für alle Schüler gleichen Auflage
- Wörterbuch zur deutschen Rechtschreibung
- Taschenrechner (wissenschaftlicher Taschenrechner ohne oder mit Grafikfähigkeit/CAS-Taschenrechner)

Info Diese Klausur behandelt aus dem „**Inhaltsfeld 6: Sozioökonomische Entwicklungsstände von Räumen**“ die Aspekte „Merkmale und Ursachen räumlicher Disparitäten“, „Demographische Prozesse in ihrer Bedeutung für die Tragfähigkeit von Räumen“ und „Strategien und Instrumente zur Reduzierung regionaler, nationaler und globaler Disparitäten“.

M 1 Strukturdaten der Volksrepublik China

	2000	2005	2010	2015	2016*
Bevölkerung (in 1 000)	1 267 430	1 307 560	1 340 910	1 373 490	1 373 541
Human Development Index	0,588	0,646	0,699	0,738	k. A.
BIP (Mrd. US-$)	1 214,9	2 308,8	6 066,2	11 181,6	11 383,0
BIP je Einwohner, laufende Preise (US-$)	959	1 766	4 524	8 141	8 261
Auslandsverschuldung (Mrd. US-$)	145,6	281,1	559,8	958,3	983,5
Import (Mrd. US-$)	225,0	660,0	1 396,2	1 682,0	1 437,0
Export (Mrd. US-$)	249,2	762,0	1 577,8	2 274,9	2 011,0
Ausländische Direktinvestitionen (Mio. US-$)	40 715	72 406	114 734	135 610	k. A.

Anzahl der Haushalte nach Einkommen

	in Mio.		
	2005	2015	2025*
Oberschicht (> 12 000 US-$)	1	17	41
Obere Mittelschicht (4 800–12 000 US-$)	18	59	222
Untere Mittelschicht (3 000–4 800 US-$)	24	139	74
Unterschicht (< 3 000 US-$)	148	65	36

Anmerkung
* Prognose

zusammengestellt nach Daten von: Weltbank; IWF, WEO; UNDP; UNCTAD; PWC

M 2 China – Jährliches Pro-Kopf-Einkommen in den Provinzen

Ländliche Haushalte 2016

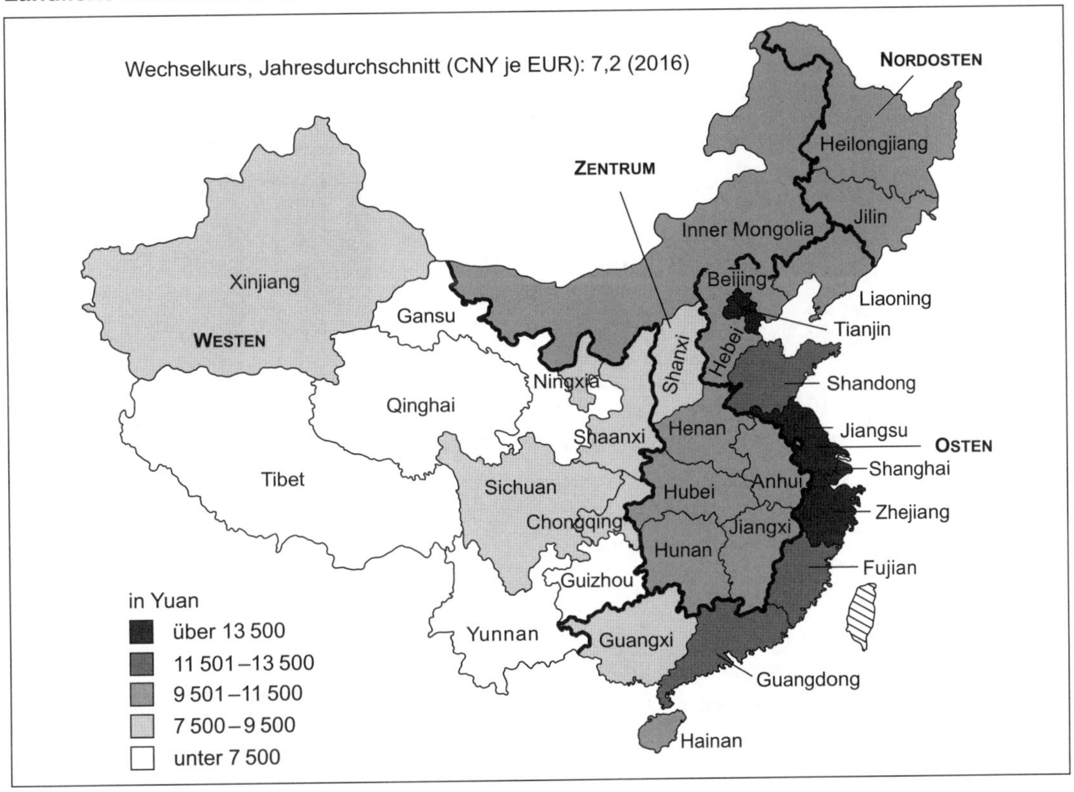

Städtische Haushalte 2016

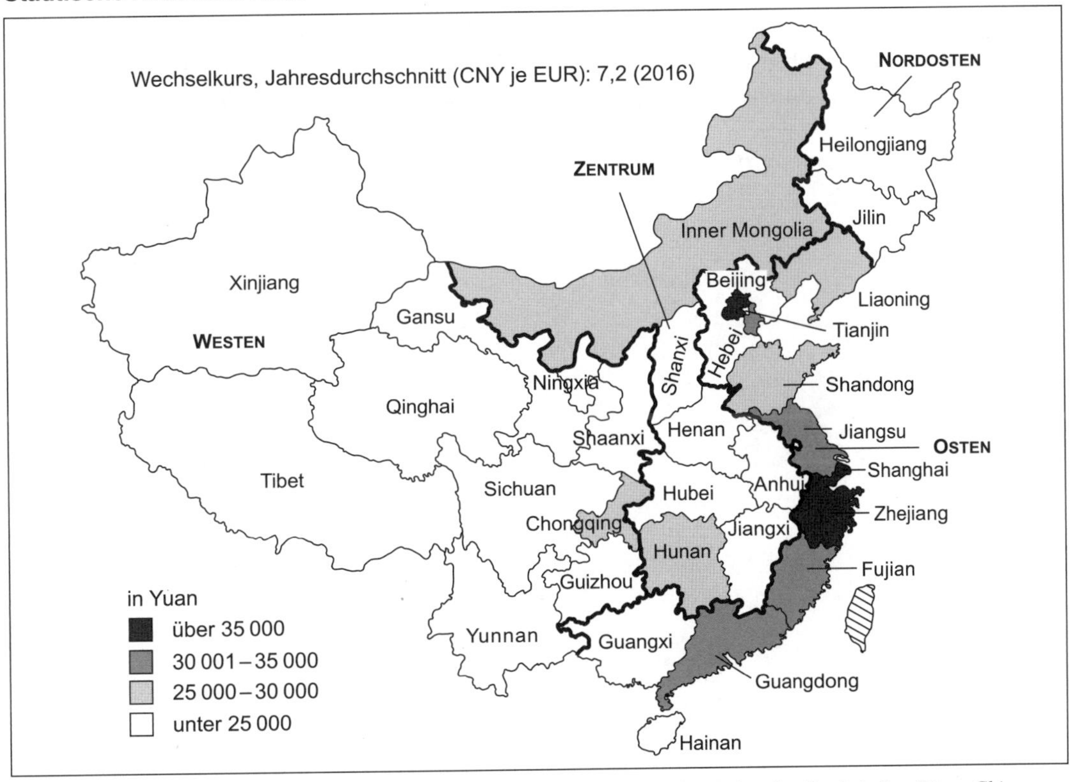

bearbeitet nach: Daten aus China Statistical Yearbook 2015; Berechnungen des Nationalen Statistischen Büros Chinas (NBS) und Geopolitical Futures

M 3 China – Eckdaten zum Arbeitsmarkt und Lohnniveau

Durchschnittlicher Lohnzuwachs 2010–2015

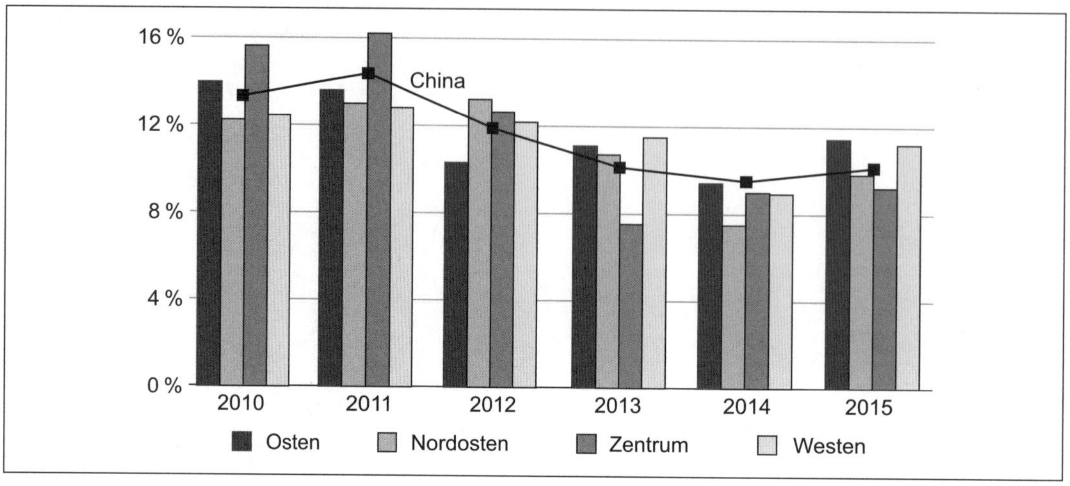

Lohnzuwachs 2017 nach Industriesektoren

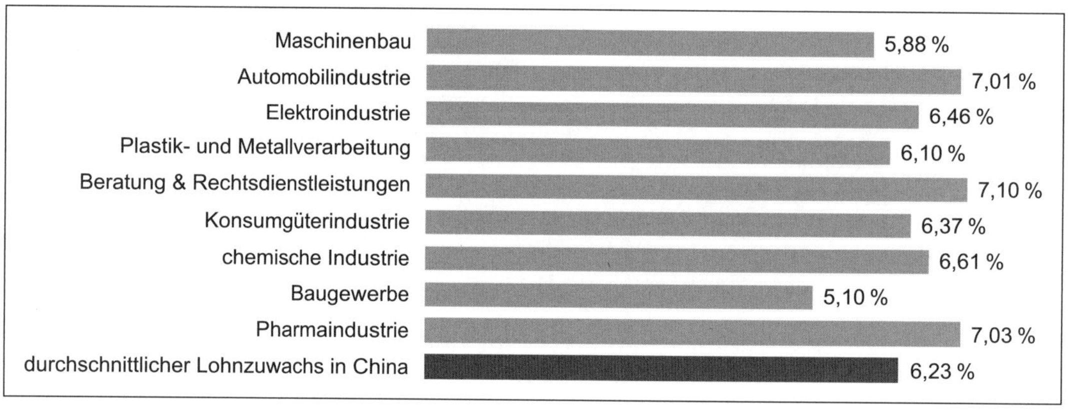

nach Daten von: NBS und Deutsche Handelskammer China, Arbeits- und Lohnreport 2016/17

M 4 Chinas Automobilmarkt

Fahrzeugdichte nach Provinzen 2010

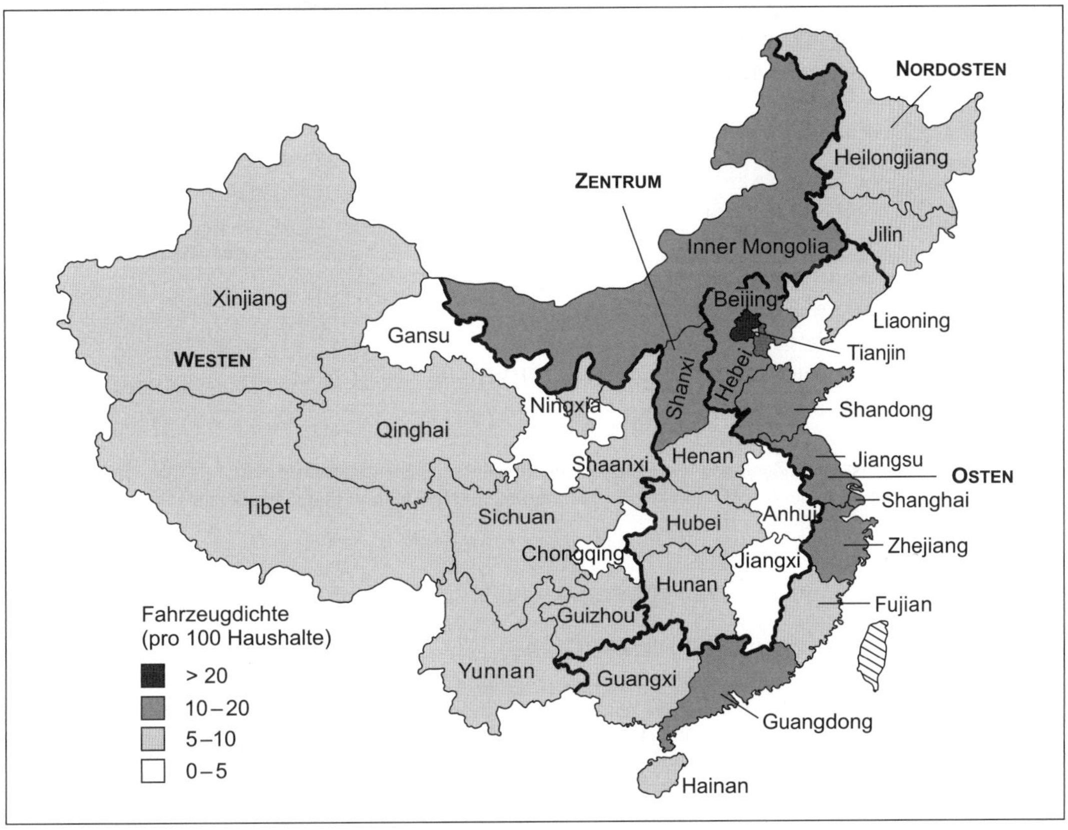

nach: NBS und PwC Autofacts 2011

Produktionsentwicklung 1990–2017

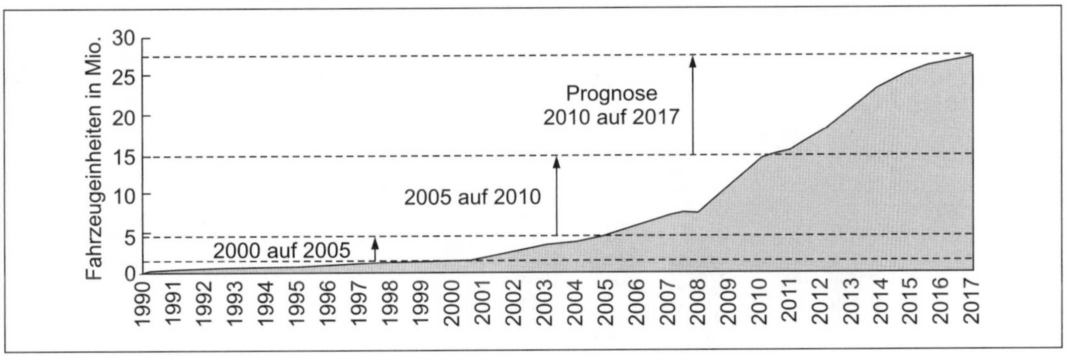

nach: PwC Autofacts Q3/2011

Entwicklung und Wachstumsfokus

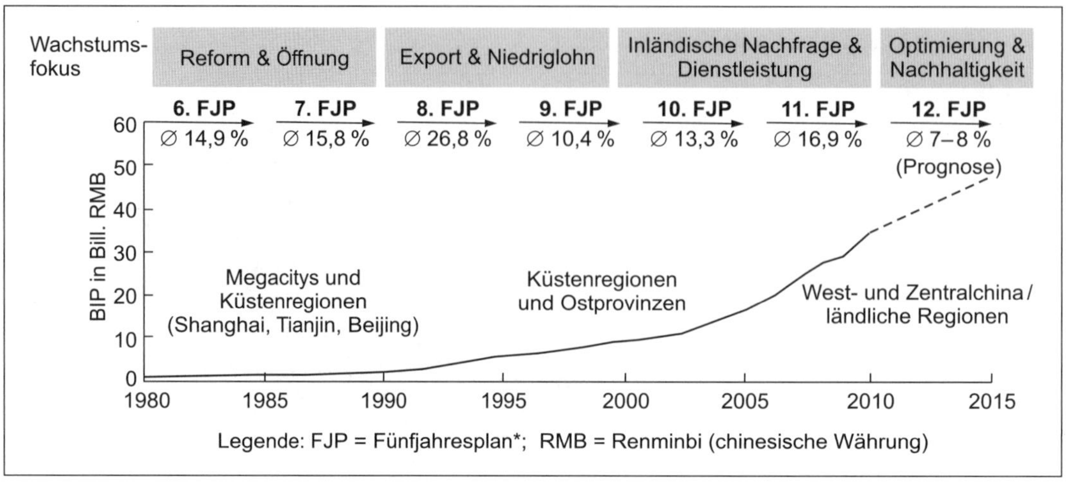

Anmerkung

* Ein Fünfjahresplan ist ein in Zentralverwaltungswirtschaften übliches Instrument der Planung volkswirtschaftlicher Aktivitäten. Er enthält in der Regel Vorgaben für zu erbringende Produktion und Dienstleistungen.

nach: China Statistical Yearbook 2010, NBS; MOST (Ministry of Science and Technology); MIT

M 5 Zahl der verkauften Pkw in China

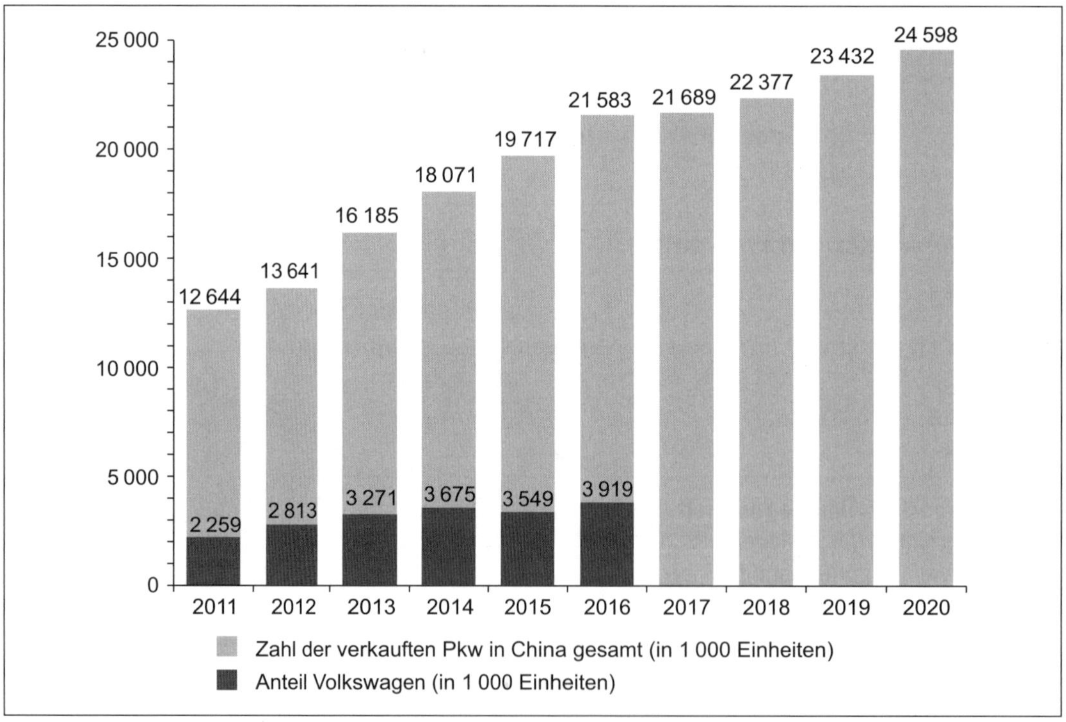

Anmerkung

2016–2020 Prognose

nach: IHS 11, 2016; Volkswagen AG; Präsentation vom 1. 12. 2016 in China

M 6 VW-Produktionsstandorte in China 2015

Volkswagen China
- 1953: Gründung der First Automotive Works (FAW), des ersten staatlichen Kraftfahrzeug- und Motorenherstellers in China
- 1978: Gründung der Shanghai Automotive Industry Corporation (SAIC), des größten chinesischen Automobilherstellers und Kooperationspartners von General Motors und der Volkswagen AG in China
- Anteil des chinesischen Absatzmarktes am weltweiten Absatz der deutschen Hersteller (2015): Volkswagen AG = 36 %, Mercedes Benz = 21 %, BMW Group = 19 %

Anmerkung
* MAN (**M**aschinenfabrik **A**ugsburg **N**ürnberg) = Fahrzeug- und Maschinenbaukonzern mit Hauptsitz in München, an dem VW mit 75 % die Aktienmehrheit hält

nach: Volkswagen AG; Präsentation vom 1. 12. 2016 in China

M 7 Volkswagen China – Montagewerk in Urumqi, Provinz Xinjiang

- 2016: Produktionsstart mit Produktionsziel von 50 000 Autos pro Jahr
- Produktion des Santana-Mittelklassemodells
- Werk ist kein vollwertiger Produktionsstandort, sondern Endmontagewerk
- Volkswagen leistet Beitrag zum Aufbau einer sozialen Infrastruktur; Einführung wesentlicher Elemente der dualen Berufsausbildung nach deutschem Vorbild: Ausbildung von Han-Chinesen und Vertretern der uigurischen Minderheit in gemischten Teams

M 8 Pressestimmen zur VW-Werkseröffnung in Urumqi

Volkswagen-Konzern plant Ausbau des Engagements in China

Volkswagen und China verbindet eine 30-jährige Erfolgsgeschichte. Als Pionier der chinesischen Automobilindustrie haben wir wichtige Impulse für die industrielle Entwicklung Chinas und die deutsch-chinesischen Wirtschaftsbeziehungen gegeben. Diesen Pioniergeist werden wir gemeinsam mit unseren Partnern jetzt auch in den Westen Chinas tragen.

Quelle: Martin Winterkorn; Pressemitteilung der Volkswagen AG vom 23. 4. 2012

Werk in Xinjiang – der riskanteste Standort im VW-Imperium

Das neue Werk in der muslimisch geprägten westchinesischen Unruhe-Provinz Xinjiang ist der Preis, den der deutsche Autobauer bezahlen muss, um eine viel größere Fabrik im Osten des Landes hochfahren zu dürfen. [...]
Asphaltierte Straßen existieren außerhalb der Stadt Urumqi kaum. Zulieferbetriebe gibt es nicht. Von allen Auslandsinvestitionen, die 2010 nach China flossen, gingen gerade einmal 0,15 Prozent in die autonome Region Xinjiang. [...] Vor allem aber ist Xinjiang für notorische ethnische Unruhen bekannt. [...]
In der Praxis höre in China die Autoproduktion aber in Chengdu in der Provinz Sichuan auf, 2 000 Kilometer östlich von Urumqi. So ist denn VW in der entlegenen Region auch ziemlich auf sich allein gestellt. Viele Zulieferer hofften angeblich mit Erfolg darauf, VW nicht nach Urumqi folgen zu müssen.

Quelle: Philipp Matheis; Wirtschaftswoche vom 22. 11. 2013

ERWARTUNGSHORIZONT

Name: ____________________

Inhaltlich-methodische Leistung

Teilaufgabe 1: Anforderungen

	Die Schülerin /Der Schüler	maximal erreichbare Punkte	erreichte Punkte
1	verortet Urumqi aufgabenbezogen: • Hauptstadt des uigurischen autonomen Gebietes Xinjiang in China, • im äußersten Nordwesten Chinas ca. 500 km von der kasachischen und ca. 250 km von der mongolischen Grenze entfernt, • ca. 2 500 km von Peking und vom Gelben Meer entfernt (M 6, Atlas).	3	
2	stellt die gesamtwirtschaftliche Entwicklung Chinas dar, z. B.: • Verneunfachung des Bruttoinlandsproduktes von 2000 bis 2015, • Verachtfachung des BIP/Einwohner von 2000 bis 2015, • Verneunfachung des Exportvolumens und durchgängig positive Handelsbilanz, • kontinuierlicher Anstieg der Direktinvestitionen auf das 3,3-Fache (M 1).	6	
3	führt an, dass diese Entwicklung für den Großteil der chinesischen Bevölkerung bis 2015 eine deutliche Verbesserung des Lebensstandards bedeutete (M 1).	3	
4	arbeitet Aspekte heraus, die Unterschiede bei der Einkommensentwicklung zeigen, z. B.: • erhebliches Gefälle beim Pro-Kopf-Einkommen zwischen den höchsten Werten in den östlichen und niedrigsten in den westlichen Provinzen, • durchschnittlicher jährlicher Lohnzuwachs seit 2013 leicht gefallen, • Wiederanstieg seit 2013 am stärksten in den Ost- und Westprovinzen, • erhebliche Unterschiede zwischen Stadt- und Landregionen, • höchste Fahrzeugdichte in den östlichen Provinzen (M 2–M 4).	6	
5	leitet vor diesem Hintergrund die Bedeutung der Automobilindustrie für die wirtschaftliche Entwicklung Chinas ab, z. B.: • Konzentration der Produktionsstandorte in den östlichen Provinzen, • Ausbildung von regionalen historisch-gewachsenen Schwerpunkten wie Shanghai, • überdurchschnittlicher Lohnzuwachs in der Automobilindustrie (M 3, M 6).	6	
6	erfüllt ein weiteres aufgabenbezogenes Kriterium (max. 4 Punkte).		
	Summe erste Teilaufgabe	**24**	

Teilaufgabe 2: Anforderungen

	Die Schülerin /Der Schüler	maximal erreichbare Punkte	erreichte Punkte
1	stellt Aspekte dar, die die Entwicklung der chinesischen Automobilindustrie zeigen, z. B.: • Beginn der chinesischen Produktion (FAW) 1953 im NO des Landes, • Öffnung des chinesischen Automobilmarktes für ausländische Hersteller durch Gründung des größten chinesischen Automobilherstellers SAIC 1978, • enormer Anstieg der Produktionszahlen auf fast 20 Mio. Fahrzeugeinheiten zwischen 1990 und 2015 durch verstärkte Ansiedlung ausländischer Automobilhersteller (M 4–M 6).	6	
2	führt differenziert aus, dass diese Entwicklung einem Wachstumsfokus unterliegt, der von der chinesischen Regierung wirtschaftspolitisch vorgegeben wird, z. B.: • seit 1980: Öffnung des Marktes in einzelnen Küstenstandorten, • seit 1990: Befriedigung der Nachfrage in den Küsten- und Ostprovinzen, • seit 2010: nachhaltiges Wachstum und Expansion in westlichen und zentralchinesischen Provinzen sowie in ländlichen Regionen (M 4, M 6).	6	
3	verdeutlicht die Bedeutung von Volkswagen China auf dem chinesischen Automobilmarkt, z. B.: • frühe Präsenz auf dem chinesischen Markt seit Ende der 1970er-Jahre, • rapides Wachstum auf über 3,5 Mio. verkaufte Einheiten bis 2014, • insgesamt und im Vergleich mit anderen deutschen Herstellern sehr hoher Marktanteil (M 5, M 6).	6	
4	verdeutlicht, dass Volkswagen China mit der Eröffnung eines neuen Montagewerks in der westlichen Provinz Xinjiang dem Interesse der chinesischen Regierung nachkommt, den Westen zu entwickeln (M 4, M 6–M 8).	4	
5	stellt anhand von Volkswagen China die Zusammenarbeit von ausländischen Automobilherstellern mit chinesischen Unternehmen in Form von Joint Ventures als zentrales Kennzeichen der Produktionsstruktur heraus (M 6).	4	
6	schlussfolgert, dass die Internationalisierung der Automobilherstellung in China wichtige Wachstumsimpulse für die gesamtwirtschaftliche Entwicklung gegeben hat (M 1–M 7).	4	
7	erfüllt ein weiteres aufgabenbezogenes Kriterium (max. 4 Punkte).		
	Summe zweite Teilaufgabe	**30**	

Teilaufgabe 3: Anforderungen

	Die Schülerin /Der Schüler	maximal erreichbare Punkte	erreichte Punkte
1	charakterisiert die Entscheidung von Volkswagen China, im strukturschwachen Westen Chinas ein neues Montagewerk zu errichten, als Pionierleistung (M 7).	4	
2	arbeitet Entscheidungskomponenten für den regionalen Standort Urumqi heraus, z. B.: • im Vergleich zu den östlichen Provinzen sehr geringe Fahrzeugdichte, • ungesättigter, peripherer Automobilmarkt, • staatliches Interesse an der Erschließung des strukturschwachen Westens (M 4, M 6, M 8).	6	
3	führt Positiva der zukünftigen Entwicklung des Automobilstandortes an, z. B.: • Steigerung der Produktion und Erschließung eines neuen Absatzmarktes, • laut Prognose weiterer Anstieg des Pkw-Verkaufs in China um 5 Mio. Pkw bis Ende 2020, • positives Markenimage durch Einführung dualer Ausbildungsprogramme, • wichtiger Impuls für die industrielle Entwicklung und soziale Infrastruktur, • steigende Kaufkraft aufgrund von positiver Lohnentwicklung (M 1, M 3 bis M 7).	6	
4	stellt den positiven Aspekten negative gegenüber, z. B.: • keine adäquate Verkehrserschließung, • kein adäquater Absatzmarkt aufgrund von geringem jährlichen Pro-Kopf-Einkommen, • Problem der Vernetzung mit anderen Automobilstandorten und Zulieferbetrieben aufgrund enormer Distanzen, • ethnische Unruhen und politischer Druck der chinesischen Regierung (M 2, M 6, M 8).	6	
5	kommt abschließend zu einem begründeten Urteil.	4	
6	erfüllt ein weiteres aufgabenbezogenes Kriterium (max. 3 Punkte).		
	Summe dritte Teilaufgabe	**26**	
	Summe der ersten bis dritten Teilaufgabe	**80**	

Info

Eine Vorlage für die Bewertung der **Darstellungsleistung** finden Sie auf S. 30!

Einen **Muster-Erwartungshorizont** für Ihre **selbst erstellten Klausuren** finden Sie im *Download-Bereich* zum schnellen Herunterladen und einfachen Bearbeiten!

Hightech als Motor der wirtschaftlichen Entwicklung? – Das Beispiel Austin/Texas

Name: ______________________ Datum: __________

Aufgabenstellung

1 **Lokalisieren** Sie die Stadt Austin und **kennzeichnen** Sie die dortigen Standortvoraussetzungen für die Hightech-Industrie. 22 P

2 **Erläutern** Sie die räumliche Verteilung der Hightech-Industrie sowie die Bedeutung dieses Wirtschaftszweiges für die Wirtschaftsregion Texas. 30 P

3 **Erörtern** Sie die Perspektiven der Hightech-Branche am Standort Austin. 28 P

Materialgrundlage

M 1 Atlaskarten nach Wahl
M 2 Großraum Austin und Stadt Austin – Hightech-Standorte
M 3 Stadt Austin – Strukturdaten
M 4 Großraum Austin – Beschäftigte in Wachstumsbranchen
M 5 Großraum Austin – Beschäftigte nach Branchen 2017
M 6 Texas – Regionale Besteuerung 2017
M 7 Großraum Austin – Einkommensverteilung 2016
M 8 Wirtschaftsstandort Austin 2016

Zugelassene Hilfsmittel

- der an der Schule in der Qualifikationsphase überwiegend verwendete Atlas, in einer für alle Schüler gleichen Auflage
- Wörterbuch zur deutschen Rechtschreibung
- Taschenrechner (wissenschaftlicher Taschenrechner ohne oder mit Grafikfähigkeit/CAS-Taschenrechner)

Info Diese Klausur behandelt aus dem „**Inhaltsfeld 7: Dienstleistungen in ihrer Bedeutung für Wirtschafts- und Beschäftigungsstrukturen**“ den Aspekt „Entwicklung von Wirtschafts- und Beschäftigungsstrukturen im Prozess der Tertiärisierung“.

M 1 Atlaskarten nach Wahl

M 2.1 Großraum Austin

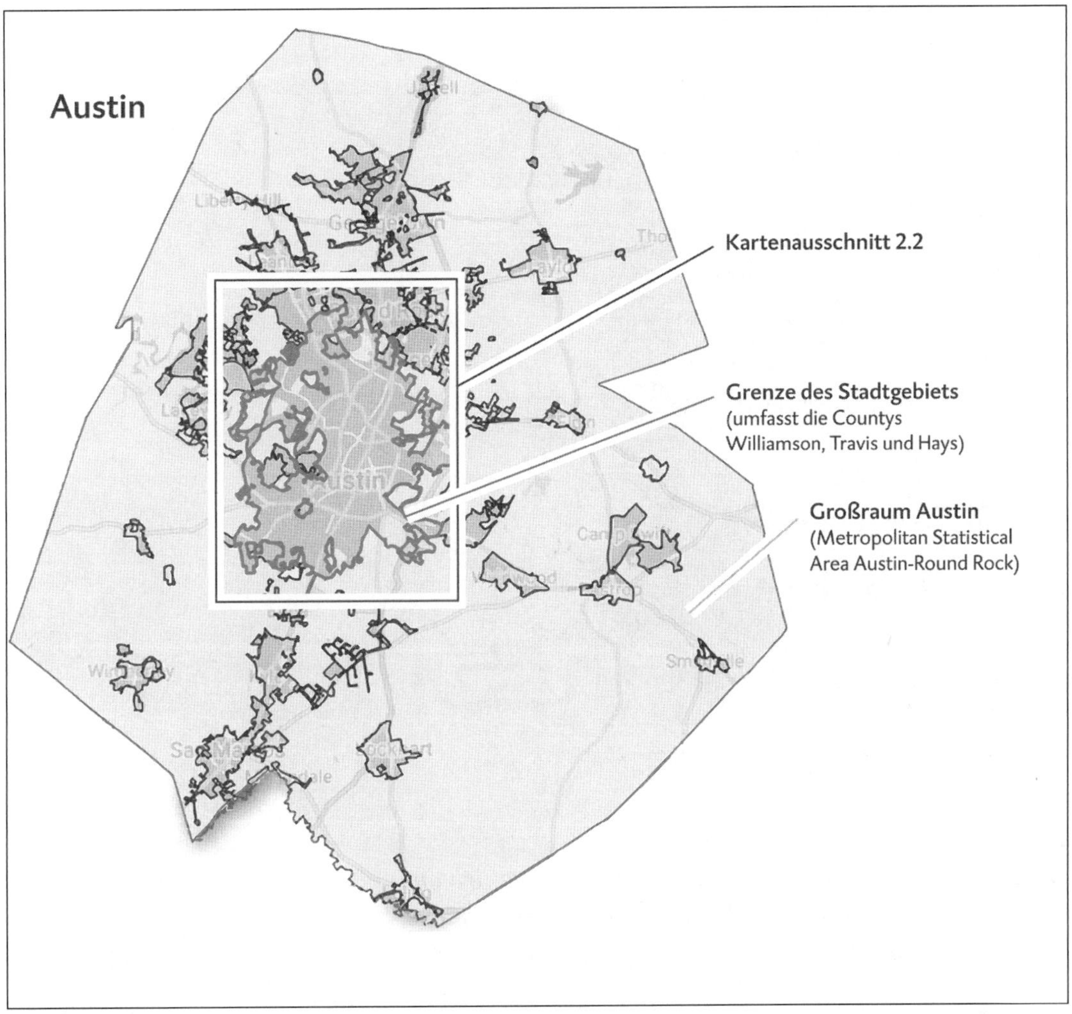

Quelle: https://www.citypopulation.de/php/usa-metro-austinroundrocktx_d.php, cc-by-sa 3.0; Kartendaten: © 2017 Google/Inegi, Datenbasis: US Census 1. 4. 2010

Drucken Sie ggf. die Farbkarte aus dem Download-Bereich aus!

M 2.2 Stadt Austin – Hightech-Standorte

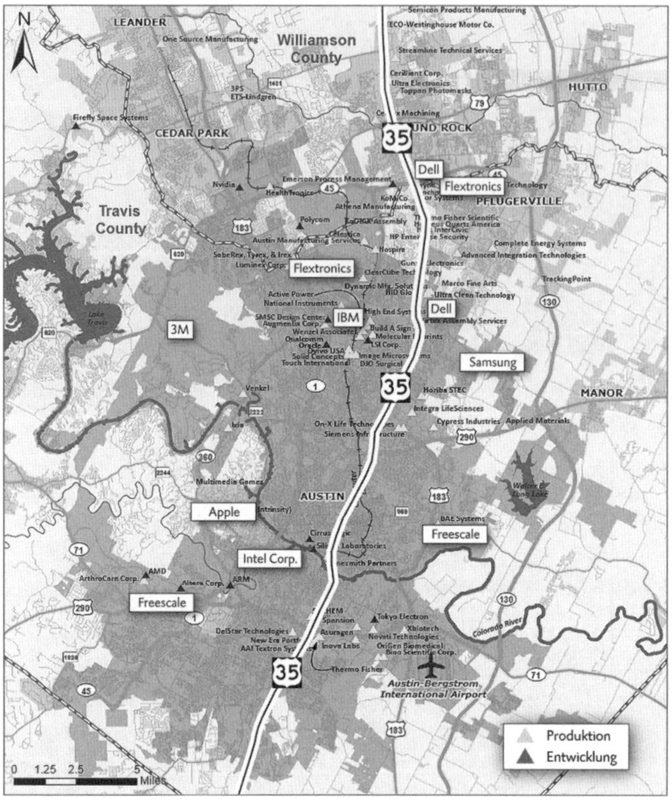

eigene Darstellung nach: www.austinchamber.com 2015

Drucken Sie die Farbkarte aus dem Download-Bereich aus oder kopieren Sie diese (Farbkarten am Ende des Bandes)!

M 3 Stadt Austin – Strukturdaten

Bevölkerung Stadt Austin 2016	931 830
Bevölkerung Großraum Austin: Stand 2016 und Prognose 2030	2 Mio. bzw. 3,2 Mio.
Bevölkerungswachstum 2004–2015	37,7 %
Durchschnittsalter	33,5
Bevölkerung mit Hochschulabschluss (Bachelor)	41,5 %
Arbeitslosenquote 2017	3,5 % (USA: 5,1 %)
Beschäftigungsquote 2016–2017	+3,5 %
Bildungseinrichtungen	2 Universitäten mit Schwerpunkten in Informationstechnologie, Maschinenbau, Elektrotechnik und Medizin, College mit Schwerpunkt in Maschinenbau und Elektrotechnik
Anzahl Unternehmen:	
Elektrotechnik und Hightech	175
Pharmazie und Medizintechnik	80
Durchschnittliches Jahreseinkommen	50 580 US-$ (2,4 % über US-Durchschnitt)

zusammengestellt nach: http://worldpopulationreview.com/us-cities/austin-population/; austinchamber.com; https://www.bls.gov/regions/southwest/summary/blssummary_austin.pdf; Zugriff 25. 5. 17

M 4 Großraum Austin – Beschäftigte in Wachstumsbranchen

	Anzahl Beschäftigte 2014
Hightech-Branche insgesamt	57 900
Ausgewählte Unternehmen	
Dell	14 000
IBM	6 000
Freescale Semiconductor	5 000
Flextronics	4 700
Samsung	2 600
Intel Corporation	1 396
3M	1 100

zusammengestellt nach: www.austinchamber.com, 2015

Entwicklung der Beschäftigung und des Umsatzes in „advanced industries"*

	1980	2010	2013
Anzahl Beschäftigte	25 260	87 830	106 280
Anteil an Gesamtbeschäftigten (%)	9,8	11,1	12,1
Umsatz (in Mrd. $)	1,08	19,44	24,12

zusammengestellt nach: Brookings analysis of data from Moodys' Analytics; https://www.brookings.edu/research/americas-advanced-industries- what-they-are-where-they-are-and-why-they-matter/#/M12420; Zugriff 25. 5. 17

Anmerkung

* umfasst ca. 50 Branchen des sekundären und tertiären Sektors, die durch technologische Forschung und Entwicklung gekennzeichnet sind sowie im Bereich Wissenschaft, Technik, Ingenieurswesen und Mathematik arbeiten

M 5 Großraum Austin – Beschäftigte nach Branchen 2017

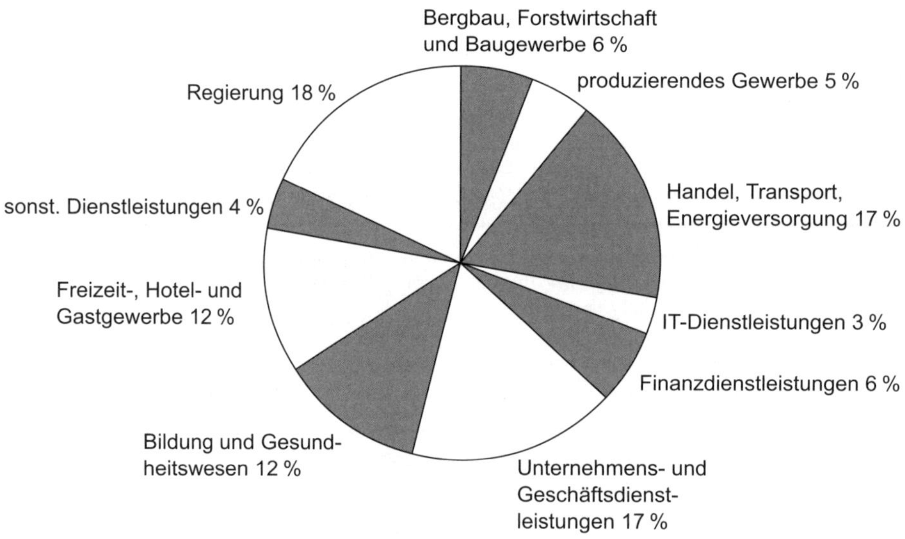

eigene Darstellung nach: US Bureau of Labor Statistics, Current Employment Statistics, https://www.bls.gov/regions/southwest/summary/blssummary_austin.pdf

M 6 Texas – Regionale Besteuerung 2017

Steuersätze für Unternehmen und Privatleute

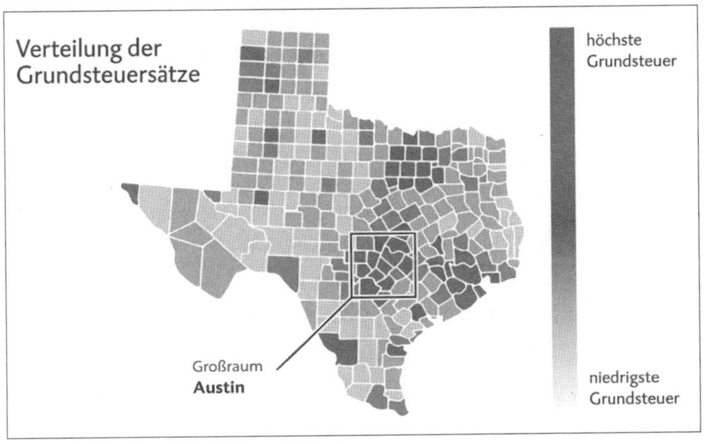

eigene Darstellung

Drucken Sie die Farbkarte aus dem Download-Bereich aus oder kopieren Sie diese (Farbkarten am Ende des Bandes)!

Steuersätze in ausgewählten Bundesstaaten im Sunbelt

	Texas	Kalifornien	Florida
Durchschnittlicher Grundsteuersatz (% des Grundstückswertes)	1,18	0,74	0,97
Einkommenssteuer für Privatleute (%)	0	7,75	0
Mehrwertsteuer (% des Einkaufswertes)	6	7,5	6,5
Körperschaftssteuer für Unternehmen (% des versteuerbaren Umsatzes)	0	8,84	5,5

zusammengestellt nach: tax-rates.org

M 7 Großraum Austin – Einkommensverteilung 2016

Wochenlohn nach Verwaltungseinheiten

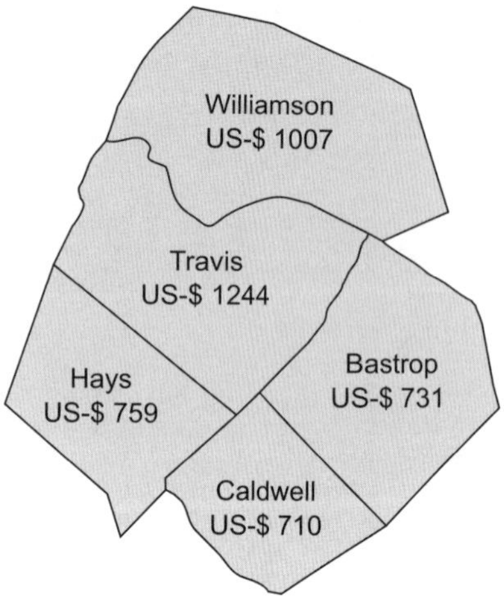

durchschnittlicher Wochenlohn USA:
1027 US-$

durchschnittlicher Wochenlohn Großraum Austin:
1108 US-$

Quelle: Bureau of Labor Statistics

Stundenlohn nach ausgewählten Berufsgruppen

Beruf	Großraum Austin (in US-$)	USA (in US-$)
Durchschnitt	23,83	23,23
Personalmanager	62,60	56,29
Computeringenieure	52,93	55,27
Systemanalysten	40,50	43,36
Buchhalter/Wirtschaftsprüfer	33,89	36,19

Quelle: Bureau of Labor Statistics

M 8 Wirtschaftsstandort Austin 2016

Im Juli 2016 nahm die Stadt Austin an einer Studie teil, die jährlich von einer Abteilung der Financial Times London durchgeführt wird. In dieser Studie werden Städte aus globaler Perspektive im Hinblick auf ihr wirtschaftliches Potenzial, Unternehmensfreundlichkeit, Humankapital und Lifestyle, Kosteneffizienz, Vernetzung und Strategien, um ausländische Investoren (Global FDI Strategy) anzuziehen, untersucht. Das Ergebnis der Studie ordnet Austin auf Platz 8 (von 25) im Bereich der FDI Strategy noch vor Kopenhagen, Perth und London ein, sodass es jetzt als „Global City of the Future" bezeichnet werden kann.

zusammengestellt und übersetzt nach: www.fdiintelligence.com; www.austinchamber.com, Zugriff 25. 5. 17

ERWARTUNGSHORIZONT

Name: ______________________

Inhaltlich-methodische Leistung

Teilaufgabe 1: Anforderungen

	Die Schülerin /Der Schüler	maximal erreichbare Punkte	erreichte Punkte
1	ordnet Austin aufgabenbezogen räumlich ein: • Hauptstadt des Bundesstaates Texas, • im Süden der USA gelegen, • gehört zum Städtedreieck Austin, San Antonio, Houston, • Stadtgebiet umfasst die Countys Williamson, Travis und Hays, • am Colorado River (M 1, M 2, M 7).	3	
2	weist hin auf die lagebedingten Gunstfaktoren, z. B.: • Nähe zu anderen Großstädten in Texas, • im sogenannten Sunbelt der USA, • humid und subtropisch, • im hügeligen temperaturbegünstigten Höhenbereich (M 1, M 2).	4	
3	stellt die günstige Verkehrslage heraus, z. B.: • gute regionale und überregionale Verkehrsanbindung durch mehrere Fernverkehrsstraßen, darunter die Bundesautobahn 35, die Dallas im Norden mit San Antonio im Süden verbindet, • dadurch Anbindung an Großstädte in Texas, angrenzende Bundesstaaten und nach Mexiko, • Eisenbahnlinie nach Travis County und Williamson County, • schiffbarer Colorado, • internationaler Flughafen im Süden der Stadt (M 1, M 2).	6	
4	verdeutlicht weitere Standortvoraussetzungen, z. B.: • im Durchschnitt sehr junge arbeitsfähige Bevölkerung, • hoher Anteil von Bevölkerung mit Hochschulabschluss, • Verfügbarkeit von gut ausgebildeten Fachkräften, • Nähe zu Bildungseinrichtungen mit den Schwerpunkten IT und Zukunftsindustrien, • niedrige Steuersätze für Unternehmen und Privatleute, • Agglomerationsvorteile durch Städtedreieck (M 3, M 6).	6	
5	schlussfolgert, dass Austin gute Standortvoraussetzungen für die Ansiedlung von Hightech-Industrie aufweist.	3	
6	erfüllt ein weiteres aufgabenbezogenes Kriterium (max. 2 Punkte).		
	Summe erste Teilaufgabe	**22**	

Teilaufgabe 2: Anforderungen

	Die Schülerin /Der Schüler	maximal erreichbare Punkte	erreichte Punkte
1	zeigt die räumliche Verteilung von Standorten der Hightech-Industrie auf: • im nördlichen Bereich: Konzentration von Standorten der Produktion sowie vereinzelt der Entwicklung, • im südlichen Bereich: weitere Produktionsstandorte sowie Standorte für Entwicklung im Bereich Computertechnologie (M 2).	5	
2	verweist auf die große Zahl von Unternehmen und die Ansiedlung von Global Playern (M 2, M 3, M 4).	4	
3	weist darauf hin, dass neben der Hightech-Branche der Dienstleistungssektor insgesamt eine große Bedeutung in Bezug auf die Beschäftigung hat (M 5).	4	
4	belegt seine Aussagen anhand wirtschaftlicher Indikatoren, z. B.: • große Zahl an Beschäftigten in der Hightech-Branche, • Zunahme der Beschäftigtenzahlen von 1980 bis 2013 in „advanced industries“ um fast das Vierfache, • stark steigende Umsätze seit 1980 bei zunehmender Produktivität (M 4, M 5).	6	
5	leitet die Bedeutung außerdem ab von sozioökonomischen Indikatoren, z. B.: • Anstieg des Anteils der in Wachstumsindustrien Beschäftigten im Zeitraum 1980 bis 2013 um mehr als 20 %, • niedrige Arbeitslosenrate in Austin im Vergleich mit den USA, • Bevölkerungszuwachs von 37,7 % von 2004 bis 2015, • prognostizierter sehr starker Bevölkerungsanstieg für den Großraum Austin um ca. 60 % bis 2030 (M 3, M 4).	7	
6	zieht den Schluss, dass die Hightech-Branche eine große Bedeutung für den Wirtschaftsstandort Austin hat (M 2–M 7).	4	
7	erfüllt ein weiteres aufgabenbezogenes Kriterium (max. 4 Punkte).		
	Summe zweite Teilaufgabe	**30**	

Teilaufgabe 3: Anforderungen

	Die Schülerin /Der Schüler	maximal erreichbare Punkte	erreichte Punkte
1	legt Aspekte dar, die eine positive Bewertung rechtfertigen, z. B.: • insgesamt positive Wirtschaftsentwicklung seit 1980, • Standort zahlreicher Global Player mit weltweiter Vernetzung, • diversifizierte Wirtschaftsstruktur mit Schwerpunkt im tertiären Sektor, • Bedeutung der Hightech-Branche für die gesamte Wirtschaft im Hinblick auf Beschäftigung und Umsatz, • Vorhandensein eines Hightech-Clusters (M 2–M 5, M 8).	7	
2	leitet Aspekte ab, die eine positive Prognose erlauben, z. B.: • aktuelle starke Zunahme der Beschäftigung in der Hightech-Branche, • weiterhin wachsende Bevölkerung als Indiz für anhaltende Attraktivität des Standortes Austin, • Jahresdurchschnittseinkommen 2,4 % über dem US-Durchschnitt, • geringere Lebenshaltungskosten aufgrund niedriger Mehrwert- und Grundsteuersätze, • sehr gutes Bildungsangebot bzgl. IT-affiner weiterführender Schulen und Hochschulen (M 3, M 4, M 6, M 7).	7	
3	verdeutlicht in diesem Zusammenhang das positive Image des Wirtschaftsstandorts Austin als „Global City of the Future“ (M 8).	3	
4	stellt negative Aspekte gegenüber, z. B.: • Gefahr der Zunahme des sozialen Gefälles zwischen Stadt und Großraum Austin bzgl. Einkommen, Grundsteuern u. a., • mögliche Konkurrenz zwischen Wirtschaftsregionen im Sunbelt, • ggf. Gefahr der Zersiedlung und infrastruktureller Probleme durch prognostizierten Bevölkerungsanstieg bis 2030 (M 2, M 6–M 8).	7	
5	reflektiert seine Arbeitsergebnisse und formuliert abschließend ein begründetes Urteil.	4	
6	erfüllt ein weiteres aufgabenbezogenes Kriterium (max. 4 Punkte).		
	Summe dritte Teilaufgabe	**28**	
	Summe der ersten bis dritten Teilaufgabe	**80**	

Info

Eine Vorlage für die Bewertung der **Darstellungsleistung** finden Sie auf S. 30!

Einen **Muster-Erwartungshorizont** für Ihre **selbst erstellten Klausuren** finden Sie im *Download-Bereich* zum schnellen Herunterladen und einfachen Bearbeiten!

Tourismus auf Boa Vista/Kapverden – eine modellhafte Entwicklung?

Name: ______________________ Datum: ____________

Aufgabenstellung

1 **Lokalisieren** Sie Boa Vista und **kennzeichnen** Sie das für den Tourismus relevante naturräumliche und kulturelle Potenzial der Insel. 22 P

2 **Erläutern** Sie Entwicklung und Bedeutung des Tourismus auf Boa Vista. 30 P

3 **Wenden** Sie Miossecs Modell auf die touristische Entwicklung Boa Vistas **an**. 28 P

Materialgrundlage

M 1 Übersichtskarte Kapverden
M 2 Boa Vista und Kapverden: Grundlegende Daten 2014/15
M 3 Boa Vista: Klima
M 4 Boa Vista: Verkehr und Infrastruktur
M 5 Boa Vista: Entwicklung des Tourismus
M 6 Boa Vista: Touristisches Angebot
M 7 Boa Vista: Unterkünfte
M 8 Boa Vista: Ökonomische Bedeutung des Tourismus auf den Kapverden
M 9 Tourismus auf Boa Vista: Wahrnehmung der Einwohner, Bewertung durch Reisende, Planung der Regierung
M 10 Miossecs Modell der Entwicklung einer touristischen Destination

Zugelassene Hilfsmittel

- der an der Schule in der Qualifikationsphase überwiegend verwendete Atlas, in einer für alle Schüler gleichen Auflage
- Wörterbuch zur deutschen Rechtschreibung
- Taschenrechner (wissenschaftlicher Taschenrechner ohne oder mit Grafikfähigkeit/CAS-Taschenrechner)

Info Diese Klausur behandelt aus dem „**Inhaltsfeld 7: Dienstleistungen in ihrer Bedeutung für Wirtschafts- und Beschäftigungsstrukturen**“ die Aspekte „Entwicklung von Wirtschafts- und Beschäftigungsstrukturen im Prozess der Tertiärisierung“ und „Wirtschaftsfaktor Tourismus in seiner Bedeutung für unterschiedlich entwickelte Räume“.

M 1 Übersichtskarte Kapverden

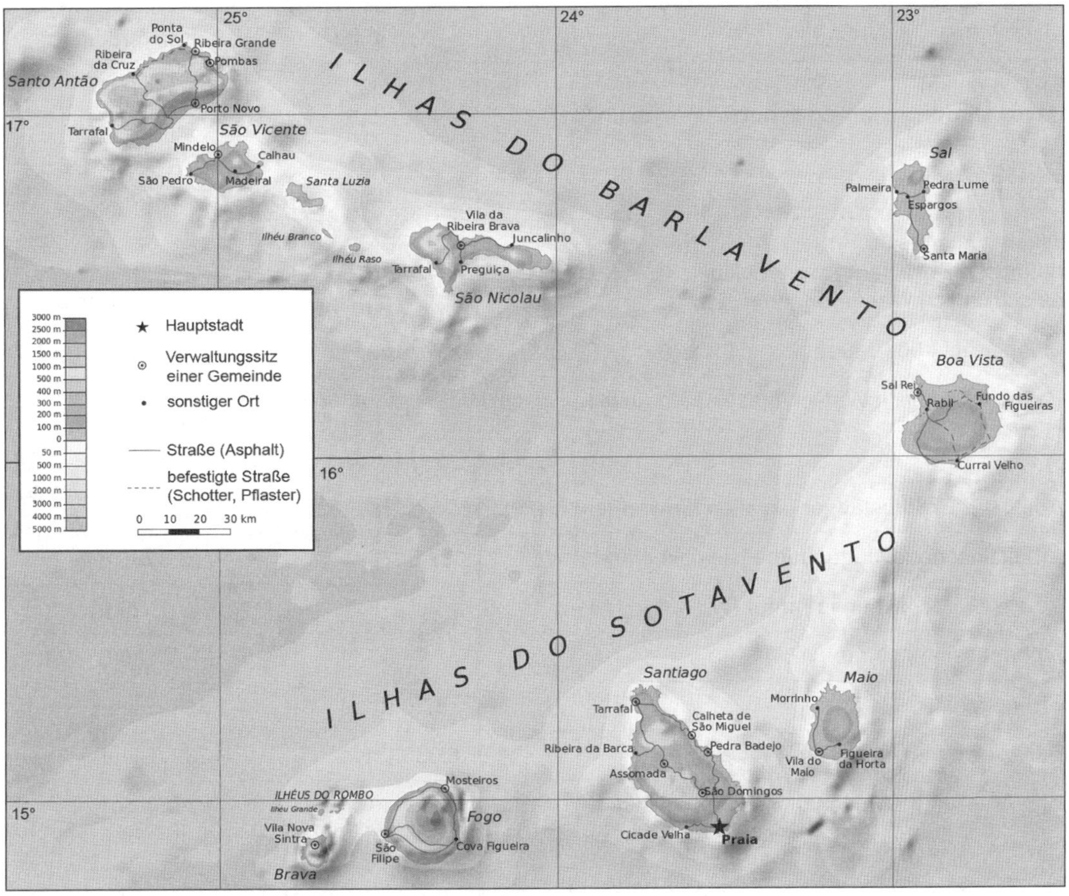

Quelle: Mysid; liz. unter cc-by-sa 4.0 international via wikimedia

Drucken Sie die Farbkarte aus dem Download-Bereich aus oder kopieren Sie diese (Farbkarten am Ende des Bandes)!

M 2 Boa Vista und Kapverden: Grundlegende Daten 2014/15

	Boa Vista	Kapverden
Fläche (in km^2) davon landwirtschaftlich genutzte Fläche (in %)	620 5,3	4 033 11,0
Einwohner pro km^2	14 451 23,3	524 833 130,1
Wachstumsrate (in %) natürliche Bevölkerungsentwicklung einschließlich Wanderungen	 1,64 8,04*	 1,38 1,23**
Männer auf 100 Frauen	143,0	100,4
Beschäftigte nach Wirtschaftssektoren (in %)	k. A.	I: 16,7 II: 17,8 III: 65,5
Anteil der Erwerbstätigen an allen Einwohnern (in %)	79,6	57,9
Arbeitslosenrate /Jugendarbeitslosigkeit (in %)	17,9 /34,0	15,8 /35,8
Anteil von Menschen in Armut (in %)	8,0	26,6
Alphabetisierungsrate (in %)	93,5	86,5
BIP (in Mio US-$)	87,6 (Insel)	1 684 (Staat)
BIP/Einwohner (in US-$)	6 059 (Insel)	3 209 (Staat)
BIP/Anteile der Wirtschaftssektoren (in %)	k. A.	I: 9,1 II: 18,5 III: 72,4
Außenhandel (in Mio US-$)*** Import (v. a. Nahrungsmittel, Erdölprodukte) Export (v. a. Fisch, Kleidung, Schuhe)	 k. A.	 654 115
ADI (in Mio. US-$) (v. a. in Tourismus, Immobilien, Baugewerbe, erneuerbare Energien)	k. A.	80
Haushalte mit Internetzugang (in %)	46,1	32,2
HDI	k. A.	0,646 (Rang 122 von 188)
Religion (in %)	Christen:	über 90
Sprache	Portugiesisch und Varianten	
Ethnien (in %)	Nachfahren schwarzer Sklaven und portugiesischer Kolonialherren 71 Schwarze 28 Weiße 1	

Anmerkungen

* Zuwanderung von anderen Inseln und vom afrikanischen Festland
** Auswanderung: z. Zt. bis 2 000 Einwohner /Jahr
*** teilweise Ausgleich durch Entwicklungshilfezuschüsse, Rücküberweisungen von Migrant(inn)en, Verpachtung von Fischereirechten

zusammengestellt nach: Statistisches Jahrbuch 2015, INE Cabo Verde; Human Development Report 2016, UNDP; Weltbank; IWF

M 3 Boa Vista: Klima

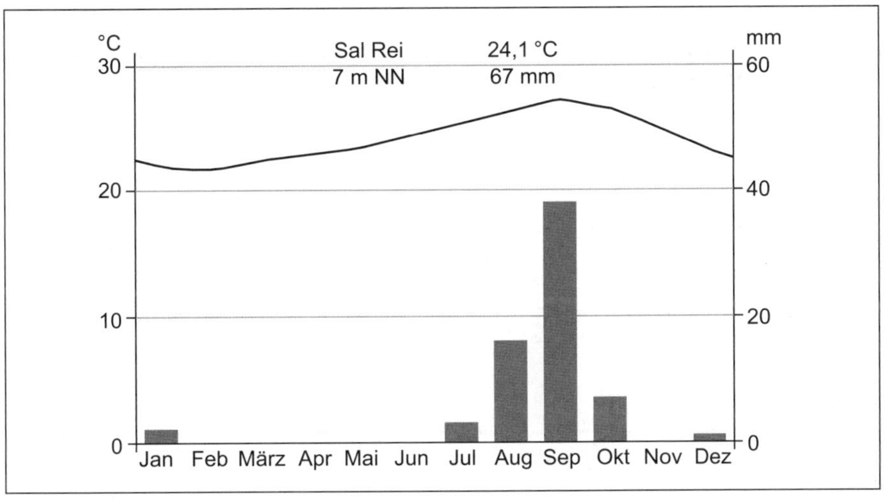

Sonnenscheinstunden /Tag	Jul/Aug	6–7
	Jan/Feb/Jun/Sep–Dez	8–9
	März–Mai	10
Tage mit Regen	Nov/Jun	1–2
	Jul/Aug/Okt	3–4
	Sep	7
	übrige Monate	0
Wassertemperatur	Feb–Mai	20–21 °C
	Jan, Jun, Jul, Nov, Dez	22–23 °C
	Aug–Okt	25 °C
Windstärke	Jul–Dez	3–4 Bft.*
	Jan–Jun	4–5 Bft.*

Anmerkung
* Bft. = Beaufort (Maß für die Windgeschwindigkeit); Surfen ab 3 Bft.

eigene Zusammenstellung

M 4 Boa Vista: Verkehr und Infrastruktur

Straßen und Fähren

bis 1980 keine Asphaltstraßen, wenige Straßenkilometer gepflastert

2004 Asphaltstraßen:

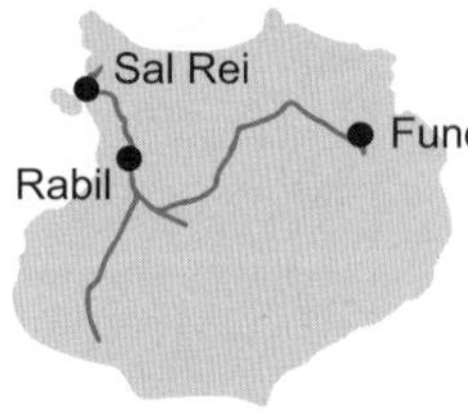

2016 siehe M 6

Der **Fährverkehr** zwischen den Inseln ist für den Tourismus ohne größere Bedeutung.

Flughafen

1990er-Jahre Eröffnung eines Rollfeldes, v. a. für Flugzeuge von bzw. nach Sal (dort bis 2006 einziger internationaler Flughafen der Kapverden)

2005 Ausbau der Gebäude, Asphaltierung und Verlängerung der Rollbahn

2007 Eröffnung des Flughafens (dritter internationaler Flughafen der Inseln nach Sal und Praia)

	Starts/ Landungen	Anteil am Gesamtaufkommen der Kapverden	Passagiere	Anteil am Gesamtaufkommen der Kapverden	Fracht	Anteil am Gesamtaufkommen der Kapverden
2010	3 938	11,8 %	285 721	16,8 %	283,7 t	7,7 %
2014	4 346	15,4 %	398 710	22,2 %	256,5 t	7,7 %

2017 internationale Direktflüge, oft mit einer Zwischenlandung auf dem Hin- oder Rückflug auf Sal oder einer Kanareninsel, von bzw. nach Amsterdam, Basel, Brüssel, Kopenhagen, Luxemburg, Lissabon, Paris, je vier britischen und italienischen sowie fünf deutschen Flughäfen; von Lissabon aus Anschlussflüge zu nahezu allen europäischen Flughäfen

eigene Darstellung; Kartenbasis: Waldir, liz. unter cc-by-sa 3.0 unported via wikimedia; zusammengestellt nach: INE Cabo Verde; ASA CV

Infrastruktur 2015

Stromerzeugung	aus fossilen Energieträgern (> 90 %) und durch einen Windpark
Trinkwassergewinnung	durch Meerwasserentsalzung (staatliche Anlage, private Anlagen in allen großen Hotels)
Wasserverbrauch eines Kapverders	138 Liter/Tag (davon rd. 90 % für Bewässerung)
Wasserverbrauch eines Touristen	200–1 600 Liter/Tag
Entsorgung des Abwassers	Versickern im Umfeld der Gebäude oder Einleiten ins Meer (weitestgehend ungeklärt)
Müllentsorgung	Verbrennung in offenen Deponien (privat auch durch Vergraben)

eigene Zusammenstellung

M 5 Boa Vista: Entwicklung des Tourismus

	Boa Vista				Kapverden insg.
	2000	**2005**	**2010**	**2015**	**2015**
Hotels/Pensionen	6	13	19	25	226
Betten	356	591	1 683	4 929	18 055
Beschäftigte	181	505	1 152	1 768	6 426
Gäste	9 402	4 582	125 575	181 511	569 387
Übernachtungen	63 200	24 300	1 000 300	1 768 900	3 710 000
durchschnittl. Aufenthalt (Tage)	6,7	5,3	8,0	9,7	6,3
Auslastung (%)	64,5	28,4	79,3	76,0	49,0

Nur eine weitere Kapverden-Insel – Sal – weist eine ähnliche Entwicklung und vergleichbare Gäste- und Übernachtungszahlen auf. 62 % der Kapverden-Touristen stammen 2015 aus sechs europäischen Ländern (GB 18 %, BRD 13 %, Portugal und Frankreich je 11 %, Belgien/ Niederlande 9 %).

Anmerkung

Zum Vergleich: Ibiza (572 km^2,142 000 Einwohner): rd. 3,1 Mio. Urlauber; 550 touristische Unterkünfte (darunter 100 Hotels), insg. 80 000 Betten (2015)

zusammengestellt nach: INE Cabo Verde; WTO

M 6 Boa Vista: touristisches Angebot

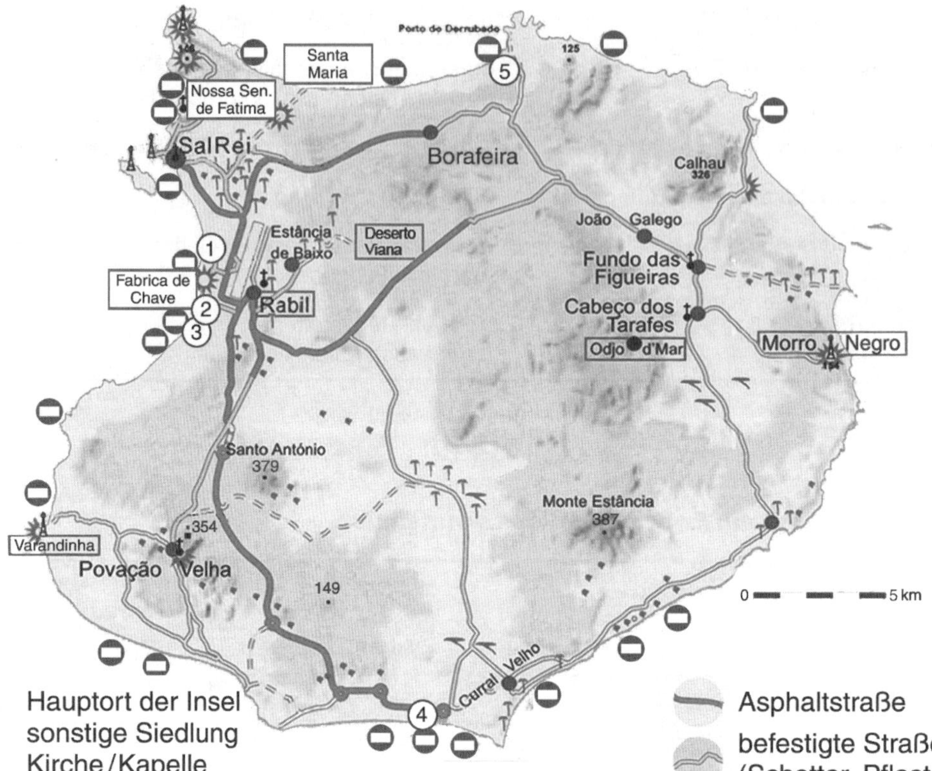

- Hauptort der Insel
- sonstige Siedlung
- Kirche / Kapelle
- Palmenhain / Galeriewald
- Aussichtspunkt
- Leuchtturm
- Vulkanschlot (erloschen) mit Höhenangabe
- Strand (vielfach Zusatzangebote: Surfen, Kitesurfen, Tauchen)
- Touristisch interessante Punkte
- Asphaltstraße
- befestigte Straße (Schotter, Pflaster)
- Piste (Allrad)
- Piste (Allrad, Allraderfahrung nötig)
- Flughafen
- ① Hotels in M7 (1–5)

Santa Maria	Wrack eines gestrandeten Frachters
Nossa Senhora de Fatima	Kapelle (Wallfahrtsort)
Deserto Viana	kleines Wüstengebiet mit weißen Sanddünen
Fabrica de Chave	Ruinen einer Ziegelfabrik inmitten von Dünen
Rabil	Dorf mit der ältesten Kirche der Insel (1806)
Odjo d'Mar	ganzjährig (Süß-)Wasser führender See
Morro Negro	Vulkanschlot mit malerischem Leuchtturm
Varandinha	Strand mit malerischen Felsen und Höhlen

Drucken Sie ggf. die Farbkarte aus dem Download-Bereich aus!

- 55 km feinsandige helle Sandstrände mit ganz vereinzelten Kokospalmen
- überwiegend starke Brandung und gefährliche Strömungen
- Möglichkeit zur Delfin-, Hai- und in den Sommermonaten Schildkrötenbeobachtung
- im Inselinnern Sand-, Geröll- und Gebirgswüste, keine ganzjährig fließenden Flüsse

eigene Darstellung; Kartendaten: 2017 © Google

M 7 Boa Vista: Unterkünfte

Hotel	Sterne	Zimmer	Eröffnung	Sonstiges
Karamboa (1)	5	750	2008	All-inclusive: Restaurants und Bars; Animation, Sportangebote, Diskothek; Hotel Touareg mit dem einzigen Golfplatz der Insel; zusammen etwa 85 % der Bettenkapazität Boa Vistas; Eigentümer: weltweit agierende spanische Hotelketten
Royal Decameron (2)	4	300	2007	
Club Boa Vista (3)	5	276	2009	
Touareg (4)	5	680 (Verdopplung der Kapazität in Planung)	2011	
Neubau in der Nähe des Touareg-Hotels	5	850	in Bau	Eigentümer: spanische Hotelkette
Spinguera (5)	3	12	2007	Umbau einer verfallenen Kalkarbeitersiedlung durch die italienische Eigentümerin zu einer „Ecolodge“: kein Pool, Solarpanels zur Erzeugung von Warmwasser und Elektrizität; Verwendung lokaler Erzeugnisse im Restaurant; Personal aus dem nahe gelegenen Dorf Esperança
20 weitere Hotels/ Guesthouses	1–3	bis zu 20	k. A.	in und in unmittelbarer Nähe von Sal Rei, ÜF oder HP; Eigentümer: meist Kapverder
einige Ferienappartements				in oder in unmittelbarer Nähe zu Sal Rei

zusammengestellt nach: www.issuu.com; www.tripadvisor.de; www.spinguera.com

M 8 Ökonomische Bedeutung des Tourismus auf den Kapverden

Beiträge des Tourismus zum BIP

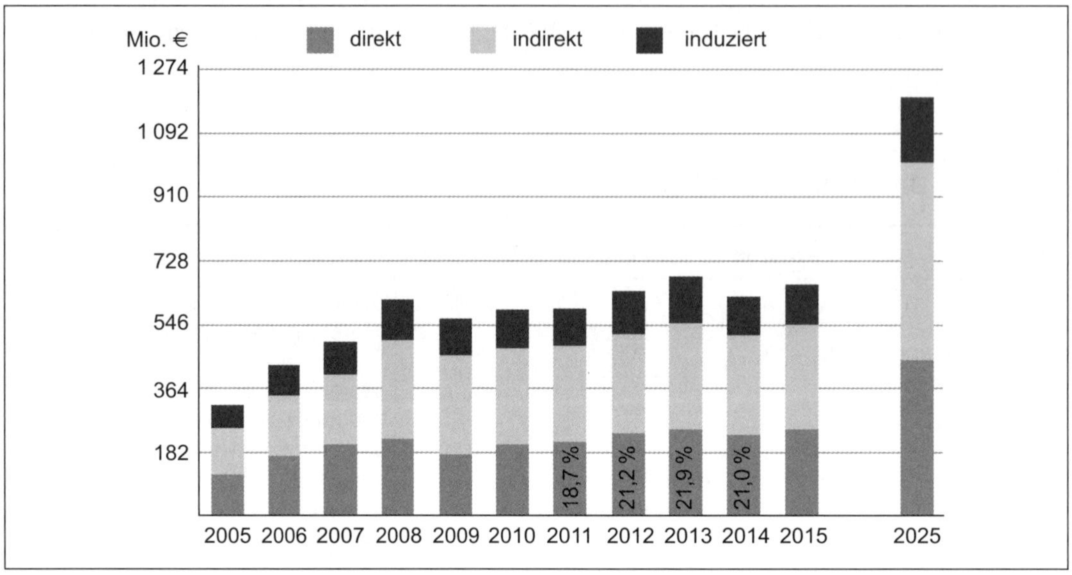

Beschäftigungseffekte des Tourismus (2014)

Erwerbspersonen	
ohne Beschäftigung	34 327
in einem Beschäftigungsverhältnis	182 831
davon:	
Hotel/Gastgewerbe	13 164
Transport/Verkehr	10 056
durch indirekte Effekte des Tourismus	27 000–35 000
durch induzierte Effekte des Tourismus	9 300–14 000

Quelle: Travel & Tourism, Economic Impact 2015 Cape Verde; WTTC 2015; S. 5

M 9 Tourismus auf Boa Vista: Wahrnehmung der Einwohner, Bewertung durch Reisende, Planung der Regierung

Ergebnisse einer repräsentativen Umfrage unter den Einwohnern Boa Vistas 2014 zu den Auswirkungen des Tourismus auf der Insel

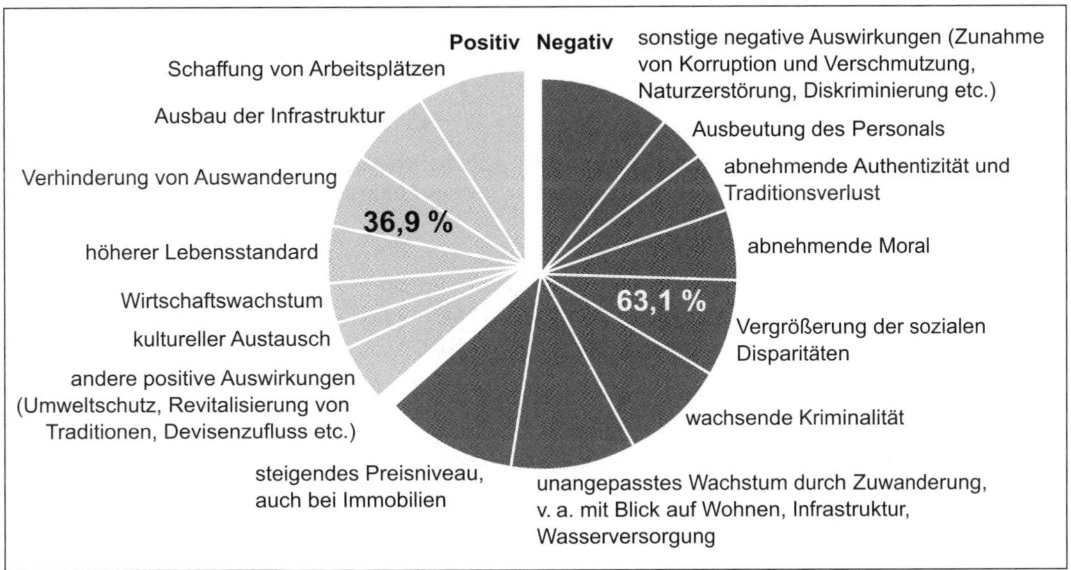

Ergebnisse von Umfragen unter Urlaubern

- 92,7 % haben die Absicht, einen weiteren Urlaub auf den Kapverden zu verbringen
- 83,0 % waren mit der Reise zufrieden oder sehr zufrieden, 1,5 % unzufrieden oder sehr unzufrieden
- beste Bewertungen für Unterkünfte und Restaurants; schlechteste Bewertungen für Sportangebote, Diskotheken, Ausflugsmöglichkeiten

Offizielle (staatliche) Planungen

Kapverden	1992: Gründung eines Ministeriums für Tourismus und einer Organisation zur Anwerbung ausländischer Investoren: mehrere Entwicklungspläne zur Förderung des Fremdenverkehrs
	2009: Strategieplan 2010–2013: Fremdenverkehr soll wirtschaftliche Vorteile bringen und sozial, ökologisch und kulturell zukunftsfähige Entwicklungen einleiten
	Planungen für 2025: jährliche Steigerung der Touristenzahlen um rd. 16 %
Boa Vista	maximal 500 000 Touristen jährlich
	Ausweisung spezieller „Tourismus-Zonen“ mit Vorgaben für Standorte, Art und Größe der Gebäude, einzuhaltende Standards u. ä.
	Ausweisung von „Naturschutz-Zonen“: ein nur an wenigen Stellen (z. B. in Sal Rei) unterbrochener Küstenstreifen von 1 km Breite sowie drei weitere, insgesamt 57 km^2 große Gebiete im Inselinnern

zusammengestellt nach: Edgar Bernardo: Tourism Planning and Perceived Impacts on the Island of Boa Vista, Cape Verde, 2015

M 10 Miossecs Modell der Entwicklung einer touristischen Destination

	Unterkünfte	Verkehr	Einstellungen/ Verhaltensweisen der	
			Touristen	Entscheidungsträger und Bevölkerung
Phase 1	 erstes Urlaubshotel („Pionier“)	 Anbindung an die Herkunftsländer der Touristen	 lediglich pauschale Wahrnehmung	 Beobachtung
Phase 2	 Vervielfachung des Angebots an Urlaubshotels	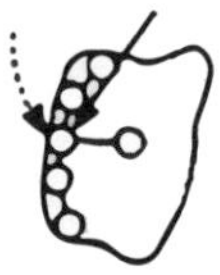 Verknüpfungen zwischen den Hotels	 differenzierte Wahrnehmung einzelner Orte und Routen	 Infrastrukturausbau mit Blick auf die Hotels
Phase 3	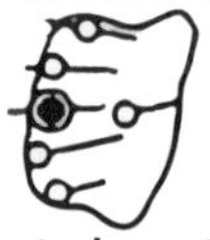 mit dem einzelnen Hotel räumlich verknüpfte Angebote; Spezialisierung, Hierarchiebildung	 Herausbildung von Touristenrouten	 Bewusstsein für konkurrierende Angebote; Absonderung von anderen Urlaubertypen	 Absonderung und Nebeneinander; Beinflussung durch Verhaltensweisen der Reisenden
Phase 4	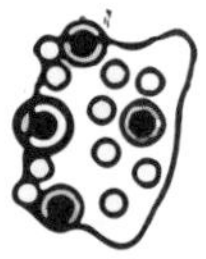 klar erkennbare Hierarchie, Spezialisierung, Marktsättigung	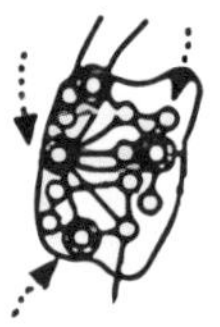 größtmögliche Verknüpfung	 nachlassendes Interesse am Raum; Rückzug einzelner Touristengruppen; Sättigung, Ersatzsuche	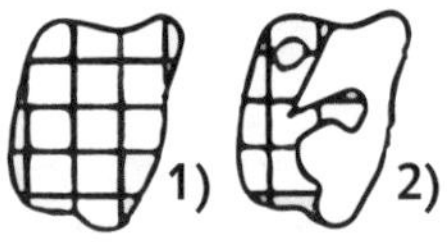 1) völlige Ausrichtung auf Tourismus, z. B. aus wirtschaftlichen Gründen oder 2) Begrenzung, z. B. ökologisch ausgerichtete Masterpläne

eigene Bearbeitung und Übersetzung nach: Jean-Marie Miossec: Un modèle de l'espace touristique. In: Espace géographique 6.1 (1977), S. 41–48 (Abb. S. 47)

ERWARTUNGSHORIZONT

Name: ____________________

Inhaltlich-methodische Leistung

Teilaufgabe 1: Anforderungen

	Die Schülerin /Der Schüler	maximal erreichbare Punkte	erreichte Punkte
1	ordnet Boa Vista aufgabenbezogen räumlich ein, z. B.: • bei etwa 16° n. Br. gelegene östlichste Insel der Kapverden, • im Atlantik, rd. 600 km westlich von Dakar, • 1½ Flugstunden bzw. 1 700 km südsüdwestl. der Kanaren, • tropisch-subtropische Klimazone (M 1).	3	
2	führt die für einen Strand- und Badeurlaub förderlichen klimatischen Merkmale an, z. B. • Monatsmitteltemperaturen von über 22 °C während des gesamten Jahres und mit Ausnahme des Septembers nur wenige Regentage pro Monat, • hohe Anzahl täglicher Sonnenstunden, • Wassertemperaturen von 20–25 °C, • mäßig starke, beständig wehende und damit für Surfer attraktive Winde (M 3).	5	
3	verdeutlicht die Attraktivität des Naturraumes, z. B.: • lange feinsandige Strände, • besonders für europäische Touristen interessante, weil fremdartige Landschaftsformen mit erloschenen Vulkanen und verschiedenen Wüstentypen, • eine reizvolle Vegetation mit Palmenhainen und Galeriewäldern, • die Möglichkeit zur Tierbeobachtung, • die angesichts der Lage der Insel im Atlantik fernab industrieller Zentren hohe Wasserqualität (M 6).	5	
4	akzentuiert auf europäische Touristen anziehend wirkende Merkmale der einheimischen Kultur, z. B.: • die Herkunft der Bevölkerung aus Afrika, • deren gleichwohl christliche Prägung, • die im Alltag gesprochene romanische Sprache (M 2).	3	
5	weist auf Risiken des Strand- und Badeurlaubs hin, z. B.: • in den Gewässern um Boa Vista vorkommende Haie, • der prallen Sonne ausgesetzte Strände ohne Schatten, • gefährliche Unterströmungen (M 6).	3	
6	fasst seine bisherigen Ergebnisse dahingehend zusammen, dass Boa Vista mit Einschränkungen ein geeignetes Ganzjahresziel für Strand- und Badetouristen sowie für Wassersportler wie Surfer, Kitesurfer und Taucher ist.	3	
7	erfüllt ein weiteres aufgabenbezogenes Kriterium (max. 2 Punkte).		
	Summe erste Teilaufgabe	**22**	

Teilaufgabe 2: Anforderungen

	Die Schülerin /Der Schüler	maximal erreichbare Punkte	erreichte Punkte
1	verdeutlicht die seit 2007 forcierten touristischen Planungen, z. B.: • 1992 Gründung eines Ministeriums für Tourismus für die Kapverden, • 2009 Strategieplan 2010 bis 2013 für die Kapverden, • zwischen 2007 und 2011 Eröffnung großer Sterne-Hotels; Verdopplung der Zahl der Unterkünfte und Verachtfachung der Zahl der Betten auf Boa Vista im Zeitraum 2005 bis 2015, • Planungen für einen weiteren Ausbau der Großhotels (M 5, M 7, M 9).	4	
2	weist hin auf die zeitgleiche Entwicklung des Tourismus, z. B.: • Vervielfachung der Gästeankünfte und Übernachtungszahlen, • Steigerung der Verweildauer, • Zunahme der Auslastungsquoten (Ausnahme: 2005), • Wachstum der touristischen Nachfrage unter Verweis auf die Herkunftsländer der Gäste (M 5).	4	
3	charakterisiert die wirtschaftliche Bedeutung des Fremdenverkehrs auf Boa Vista, z. B.: • die im Vergleich mit anderen Kapverden-Inseln hohen Beschäftigtenzahlen im Tourismussektor, vor allem unter Berücksichtigung indirekter und induzierter Effekte, • Beitrag des Tourismus zum BIP, • die Höhe ausländischer Direktinvestitionen (M 2, M 8).	5	
4	arbeitet die Vorrangstellung Boa Vistas hinsichtlich vieler sozioökonomischer Indikatoren im Vergleich zu den Gesamt-Kapverden heraus, z. B.: • geringerer Anteil der Menschen in Armut, • höhere Alphabetisierungsrate, • mehr Einwohner mit Zugang zu sauberem Trinkwasser, • mehr Haushalte mit Zugang zum Internet (M 2).	3	
5	verweist auf den sich parallel zum Wachstum des Fremdenverkehrs vollziehenden Ausbau der Infrastruktur seit 2005, z. B.: • Bau eines Windparks und einer Meerwasserentsalzungsanlage, • Straßen(aus)bau, • Eröffnung eines internationalen Flughafens (M 4, M 8).	3	
6	legt negative demographische und soziale Entwicklungen im Zuge der touristischen Entwicklung der Insel dar, z. B.: • starke Zuwanderung von anderen Inseln und vom afrikanischen Festland, ausgelöst durch die Hoffnung auf einen Arbeitsplatz, • Entstehung marginaler Viertel am Rand von Sal Rei als Folge vergeblicher Arbeitssuche und des auf Boa Vista überdurchschnittlich hohen natürlichen Bevölkerungswachstums, • überdurchschnittlich hohe (Jugend-)Arbeitslosigkeit, • wachsende Skepsis unter den Bewohnern der Insel und überwiegend negative Beurteilungen des Tourismus wegen steigender Preise, einer Vergrößerung sozialer Disparitäten, Ausbeutung des Personals oder wachsender Kriminalität (M 2, M 9).	6	

7	ergänzt negative ökonomische und ökologische Aspekte, z. B.: • die Tatsache, dass sich alle hochwertigen Hotels der Insel in der Hand von Ausländern oder ausländischen Gesellschaften befinden, • die Notwendigkeit, alle Güter einschließlich der Nahrungsmittel für den Fremdenverkehr importieren zu müssen, • die als Folge der vorherrschenden All-inclusive-Angebote eher geringen Sickereffekte, • die bei Umfragen beklagte Verschmutzung der Landschaft und Zerstörung der Natur dort, wo sich die touristischen Einrichtungen konzentrieren, v. a. im mittleren Westen und Süden der Insel (M 2, M 6, M 7, M 9).	5	
8	erfüllt ein weiteres aufgabenbezogenes Kriterium (max. 4 Punkte).		
	Summe zweite Teilaufgabe	**30**	

Teilaufgabe 3: Anforderungen

	Die Schülerin /Der Schüler	maximal erreichbare Punkte	erreichte Punkte
1	stellt die vier Phasen der touristischen Entwicklung einer Region nach Miossec sowie die vier von ihm in den Fokus gerückten Bereiche „Unterkünfte, Verkehr, Einstellungen/Verhaltensweisen der Touristen bzw. der Entscheidungsträger/der Bevölkerung“ gegliedert vor (M 10).	3	
2	ordnet den Stand Boa Vistas hinsichtlich der dortigen *Unterkünfte* begründet der Phase II/III Miossecs zu, z. B.: • im Vergleich mit anderen Destinationen geringe Zahl von Unterkünften, doch deutlich erkennbare Spezialisierung: kleine Hotels im 1–3-Sterne-Segment für weniger zahlungskräftige Kunden, große All-inclusive-Anlagen mit umfassendem Angebot, ein Ökoressort in einsamer Lage, • räumliche Verknüpfungen der Hotels mit anderen touristischen Angeboten wie Tauch- oder Surfschulen, • Herausbildung eines touristischen Zentrums an der Westküste sowie eines weiteren, noch sekundären Zentrums südlich von Curral Velho, • fehlende Hinweise auf eine Marktsättigung (M 3, M 5–M 7, M 10).	5	
3	führt aus, dass sich Boa Vista hinsichtlich des Aspekts *Verkehr* in einer mittleren Entwicklungsphase (Phase II) befindet, z. B.: • Gewährleistung der Erreichbarkeit durch einen Flughafen und eine seit seiner Eröffnung kontinuierlich wachsende Zahl von Flügen von Europa aus, • doch: fehlende Nonstop-Verbindungen, • Ausbau des Straßennetzes und Anbindung aller Hotels an Asphaltstraßen, • immer noch sehr lückenhaftes Straßennetz, sodass selbst touristisch interessante Punkte vielfach nur mit einem Allradfahrzeug erreichbar sind (M 1, M 4, M 6, M 7, M 10).	5	

4	stellt dar, dass sich Boa Vista hinsichtlich der *Einstellungen und Verhaltensweisen der Touristen* in Phase III befindet, z. B.: • realistische und differenzierte Einschätzung des touristischen Potenzials der Insel in Umfragen, u. a. hinsichtlich der eingeschränkten Ausflugsmöglichkeiten, • erkennbare Absonderungstendenzen zwischen verschiedenen Hotel- und damit Urlaubertypen, v. a. hinsichtlich Kosten und Verpflegung, • fortbestehendes Interesse am Raum, v. a. angesichts zu erwartender Neueröffnungen, • steigende und im Vergleich mit den Kapverden insgesamt überdurchschnittlich hohe Werte für die Aufenthaltsdauer, • starke Hotelauslastung, • positive Bewertung der Hotelqualität (M 6, M 7, M 9, M 10).	5	
5	verdeutlicht, dass die Einheimischen Miossecs Phase I (Beobachtung) hinter sich gelassen haben – wie die detaillierten und kenntnisreichen Umfrageergebnisse zeigen –, dass jedoch eine eindeutige Zuordnung Boa Vistas zu einer bestimmten Phase schwierig ist. Mögliche Zuordnungen: • Ausbau der notwendigen Infrastruktur (Straßen, Flughafen) = Phase II, • räumliche Trennung der Wohngebiete von den großen Hotels, Gefühl eines Traditionsverlusts und abnehmender Authentizität = Phase III, • deutliche Ausrichtung auf einen Tourismus, der aus dem Ausland gesteuert wird, mit im gehobenen Preissegment angesiedelten All-inclusive-Hotels, einer prognostizierten Verdreifachung der Gästezahlen auf Boa Vista und mit Bemühen um eine Beinahe-Verdopplung des touristischen BIPs bis 2025 = Phase IV a, • Tourist Master Plan 2009: Forderungen nach einer sozial, ökologisch und kulturell zukunftsfähigen Weiterentwicklung des Fremdenverkehrs angesichts bestehender Probleme in den Bereichen Wasserver- und -entsorgung sowie Müllbeseitigung = Phase IV b (M 6–M 10).	6	
6	hebt zusammenfassend hervor, dass viele der in Miossecs Modell thematisierten Aspekte sich auf Boa Vista weniger trennscharf in einem Nacheinander von Phasen vollziehen als vielmehr nebeneinander und zeitgleich.	4	
7	erfüllt ein weiteres aufgabenbezogenes Kriterium (max. 4 Punkte).		
	Summe dritte Teilaufgabe	**28**	
	Summe der ersten bis dritten Teilaufgabe	**80**	

Info

Eine Vorlage für die Bewertung der **Darstellungsleistung** finden Sie auf S. 30!

Einen **Muster-Erwartungshorizont** für Ihre **selbst erstellten Klausuren** finden Sie im *Download-Bereich* zum schnellen Herunterladen und einfachen Bearbeiten!

Sonderkulturanbau in Trockenräumen? –
Das Beispiel des Weinanbaus in Barossa, South Australia

M 2 **Barossa: Weinbau / Bewässerungseinrichtungen**

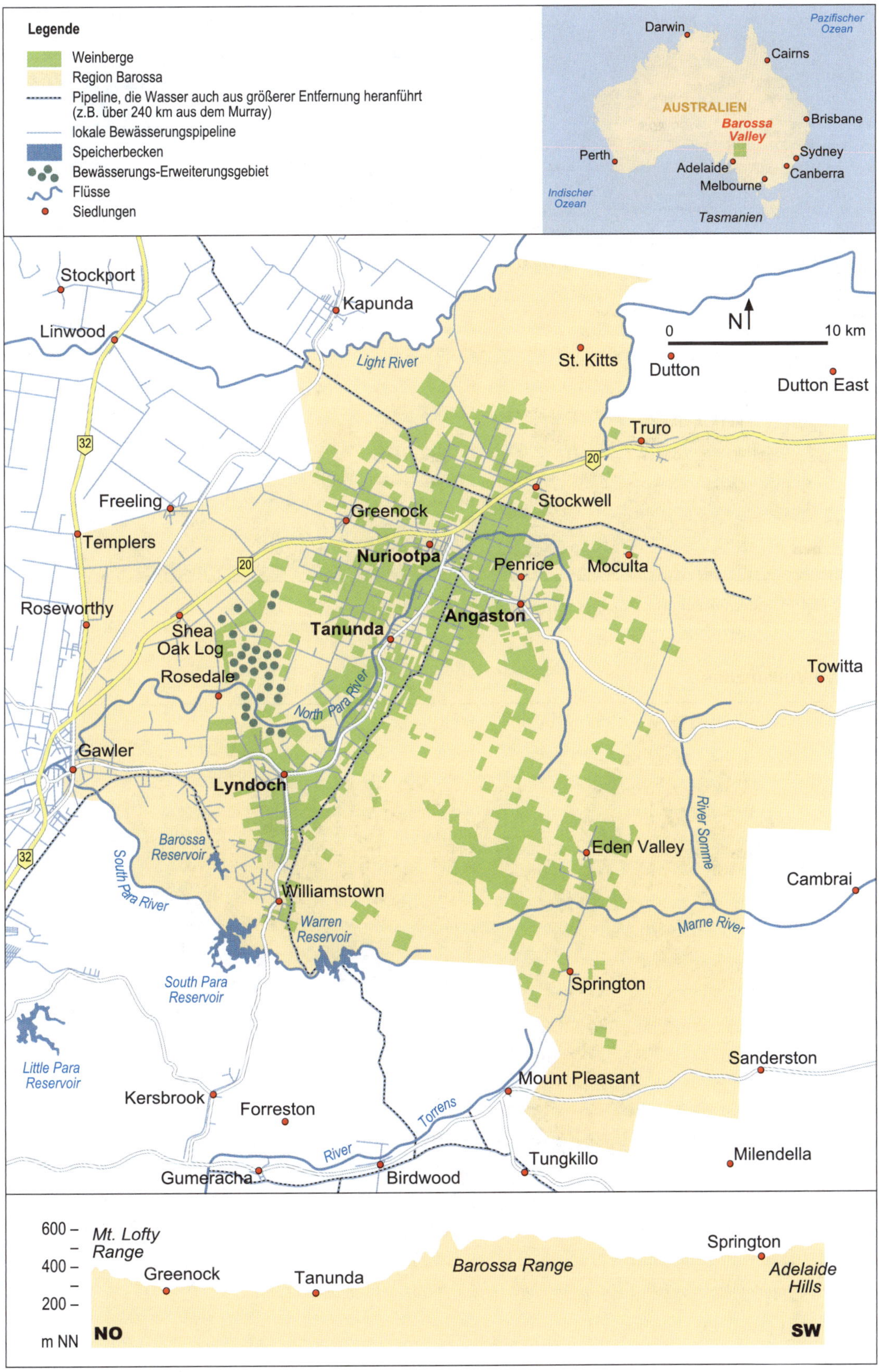

Quelle: © cartomedia, Karlsruhe

Zukunftsfähige Energieversorgung? –
Das Beispiel Island

M 1 Island: Natürliche Gegebenheiten

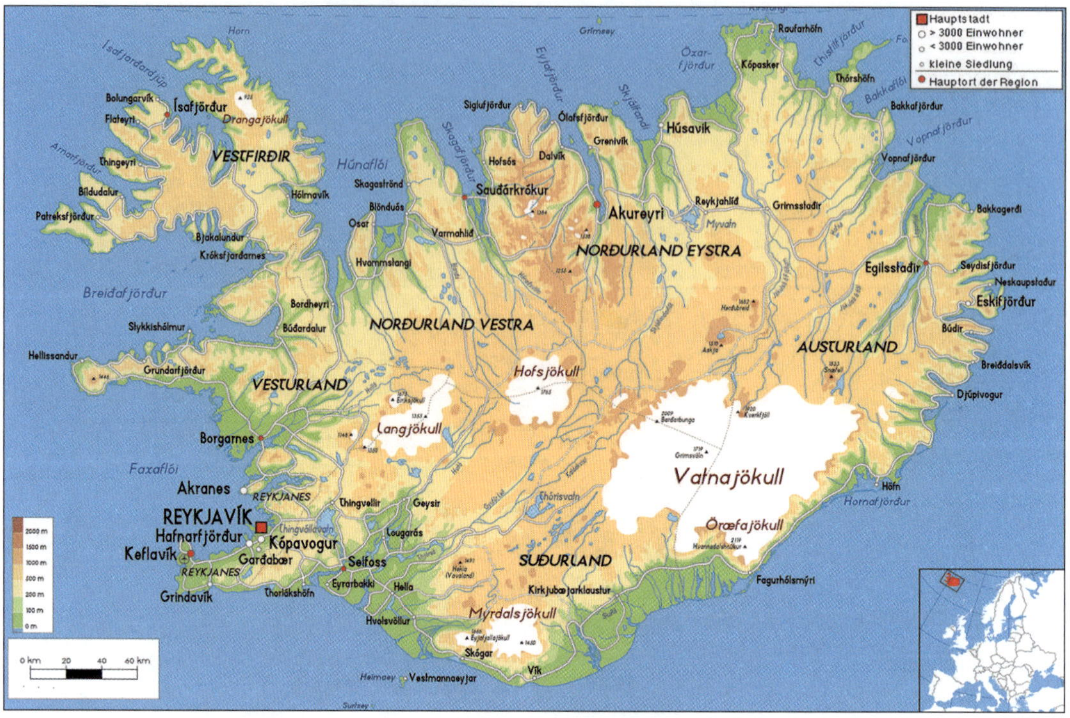

nach: http://www.ezilon.com/maps/images/europe/Iceland-physical-map.gif

Aktive Vulkanzone

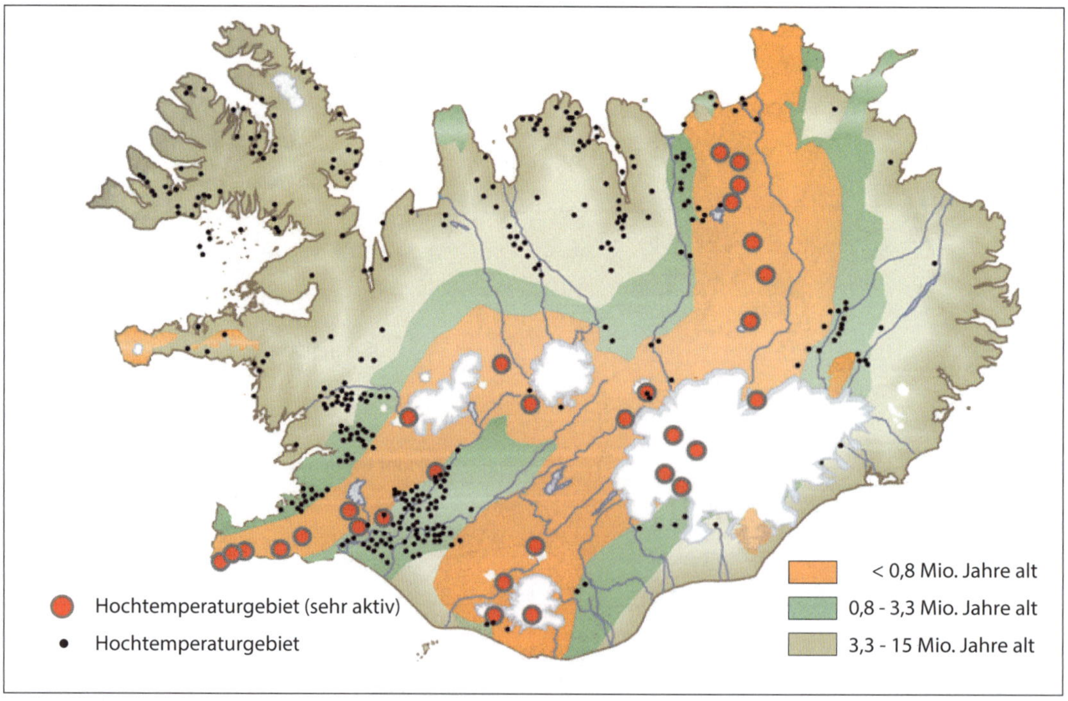

nach: Orkostufnun; http://os.is/gogn/os-onnur-rit/Orkutolur_2015-enska-utfaersla2.pdf

Zukunftsfähige Energieversorgung? – Das Beispiel Island

M 6 **Island: Energie-Masterplan und Auswirkungen auf die Umwelt**

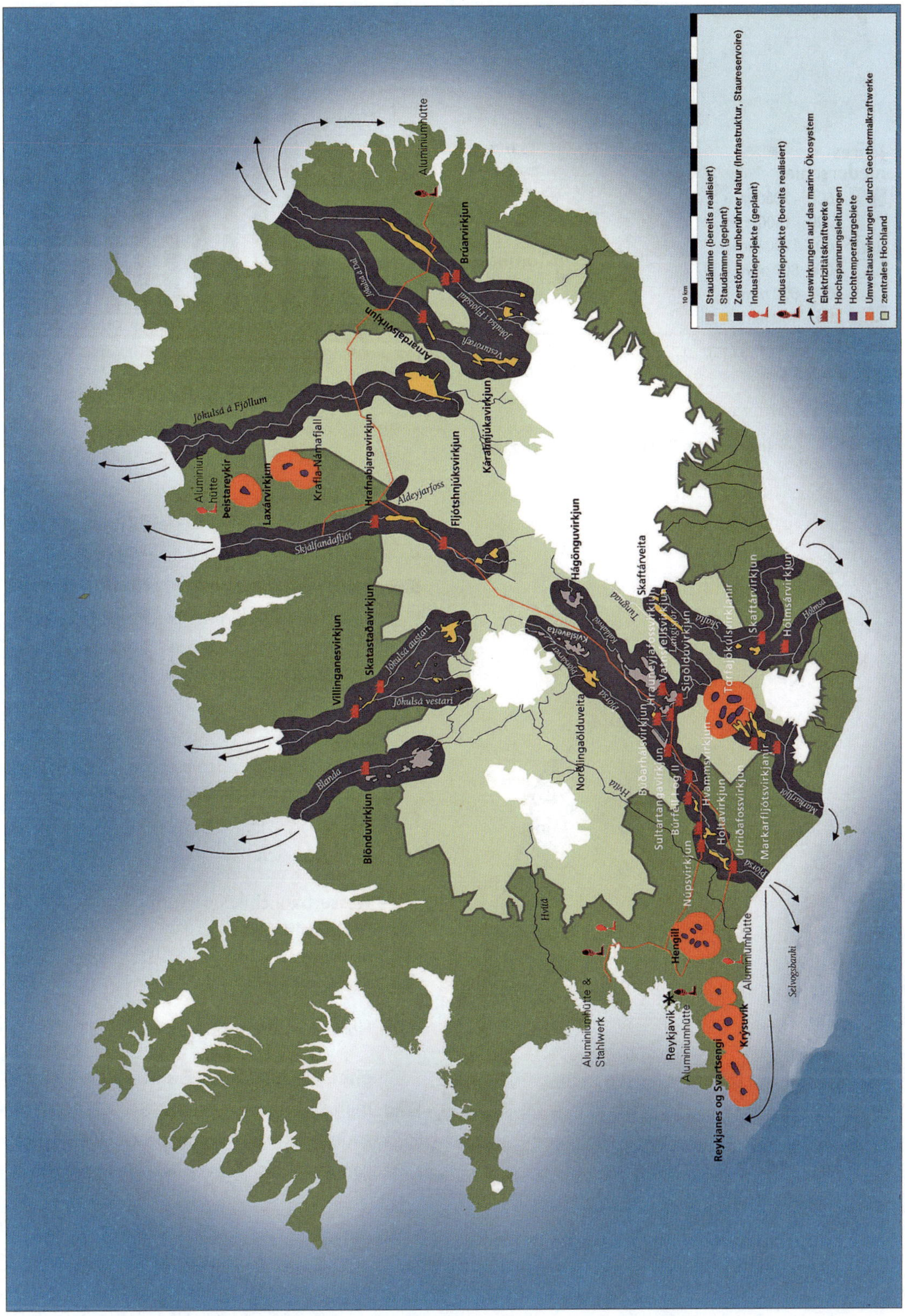

nach: *Saving Iceland; http://www.savingiceland.org/wp-content/uploads/2008/07/200806-si-new-masterplanmap.jpg*

Agrarprojekte als Impulsgeber für eine zukunftsfähige Regionalentwicklung? – Das Beispiel Tana River County / Kenia

M 4 **Tana River County: Niederschläge**

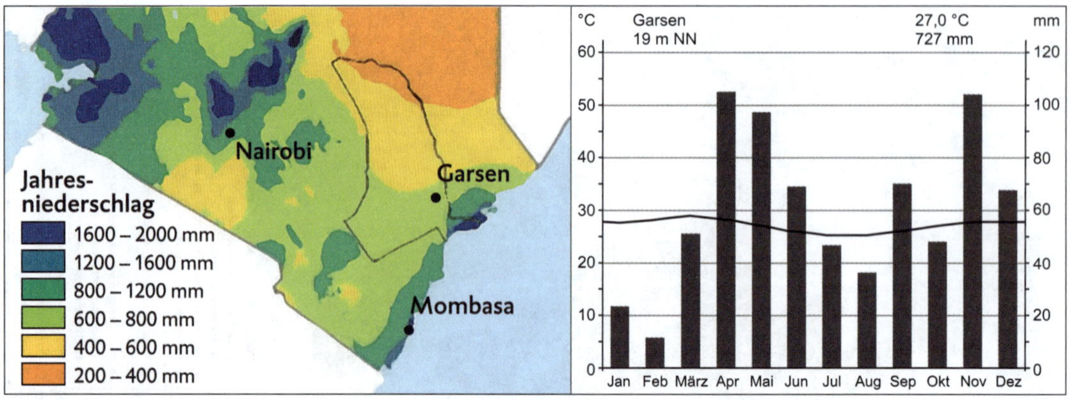

Darstellung nach: World Resources Institute, Ministry of Environment and Natural Resources Kenya, Ministry of Planning and National Development Kenya

M 6 **Tana River County: Landnutzung**

eigene Darstellung nach: Landnutzung: FEWS NET (2011/2012); Kartendaten: UN FAO; Wasserwirtschaft: Welthungerhilfe (WID 2012)

Wirtschaftlicher Wandel altindustrialisierter Regionen – Das Beispiel Glasgow

M 2 Wirtschaftsstruktur Glasgow 1924

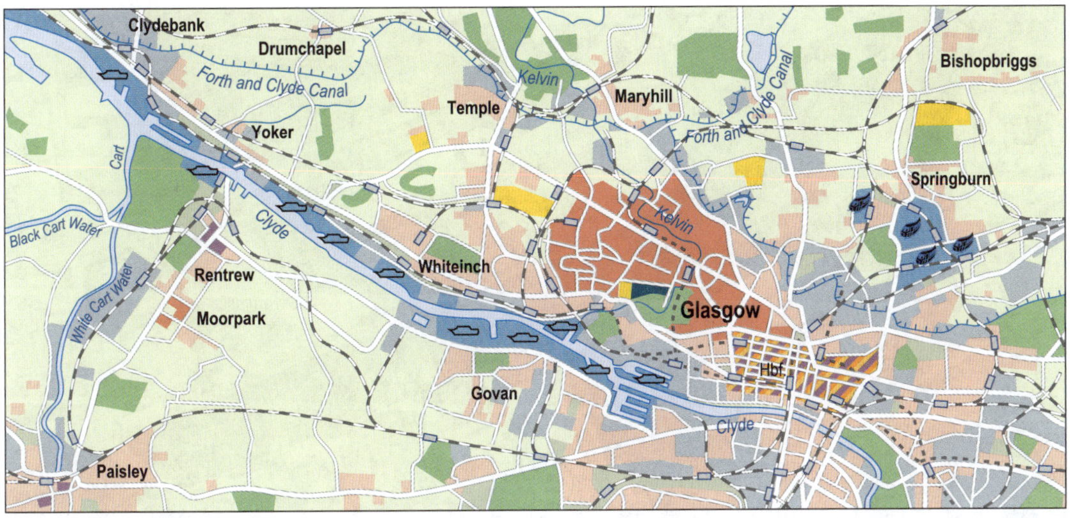

M 3 Wirtschaftsstruktur Glasgow 2012

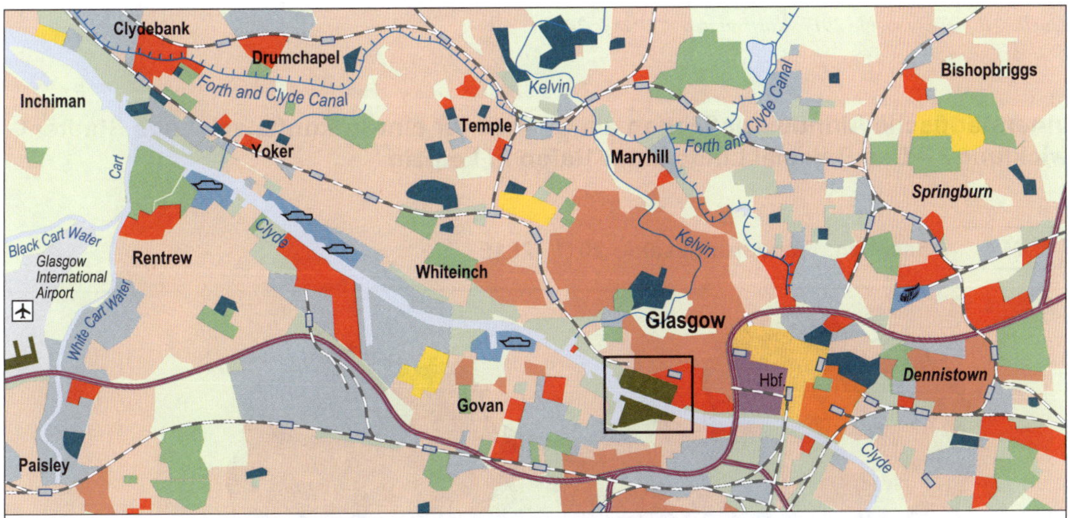

Wohngebiete
- Oberschicht
- Mittel- und Unterschicht (1924 weitgehend Slums)

Innenstadt (Central Business District)
- Kaufhäuser, Einzelhandelsfilialen (High Street)
- exklusive Geschäfte, Theater, Museen
- Büro- und Finanzdistrikt

Industrie, Gewerbe
- Schiffbau (1924 überwiegend Handels- und Personenschiffe, heute Kriegsschiffe)
- Schienenfahrzeugbau (1924 Lokomotivbau, heute Ausbesserungswerk)
- andere Industrie- und Gewerbeflächen (1924 Maschinenbau, heute Leichtindustrie, Handel, Logistik)

Dienstleistungen
- Shopping Centre
- Universität, College
- Krankenhaus
- Revitalisierungsprojekt

Offene Landschaften
- Brache
- Park, Grünanlagen (heute teilweise Golfplätze)
- Wiese, Weide, Ackerland

Verkehr
- Autobahn
- Eisenbahn, Bahnhof

Kartenausschnitt M 8

0 3 km N

Quelle: © cartomedia, Karlsruhe

Wirtschaftlicher Wandel altindustrialisierter Regionen – Das Beispiel Glasgow

M 8 **Beispiel: Projekt Creative Clyde / Pacific Quay**

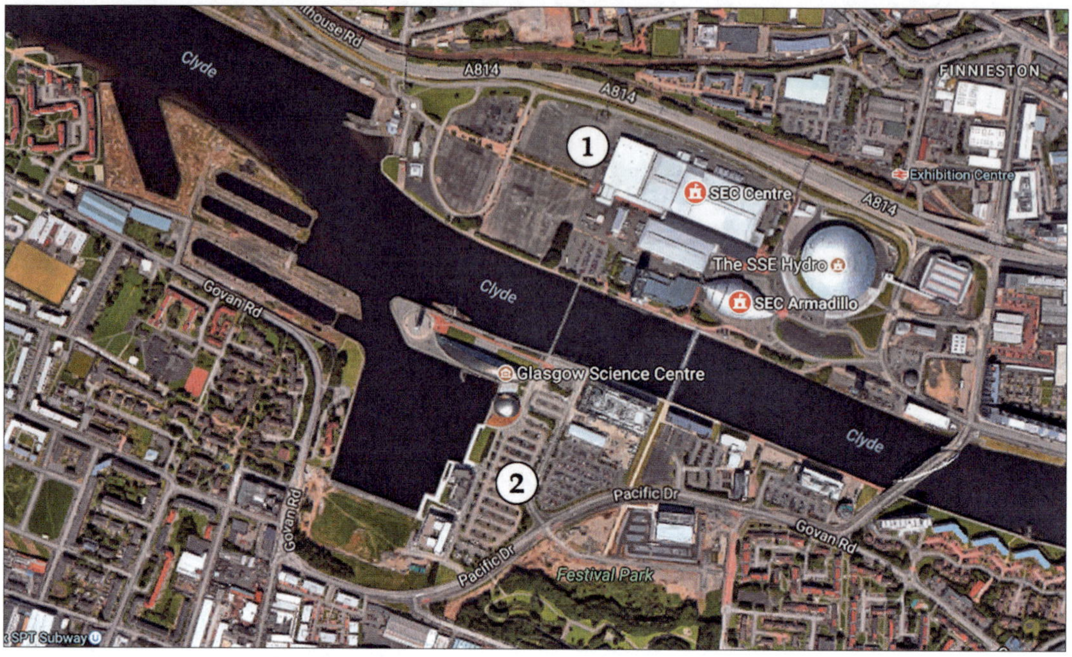

Quelle: Bilder © Google 2017; Kartendaten © Google 2017

Innerstädtische Altindustrieflächen als Chance für eine zukunftsweisende Stadtentwicklung? – Das Beispiel Lindenauer Hafen in Leipzig

M 4 **Sachsen: Wanderungssaldo 2011 – 2015**

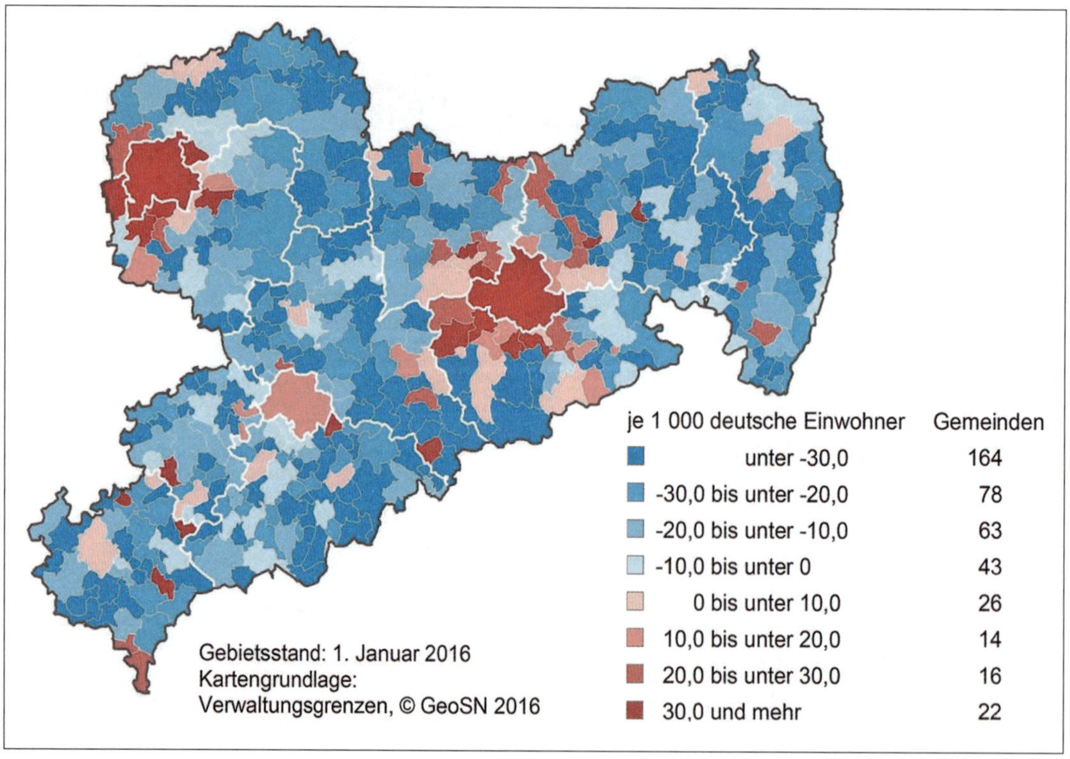

Quelle: Statistisches Landesamt Sachsen

Hightech als Motor der wirtschaftlichen Entwicklung? – Das Beispiel Austin / Texas

M 2.2 Stadt Austin – Hightech-Standorte

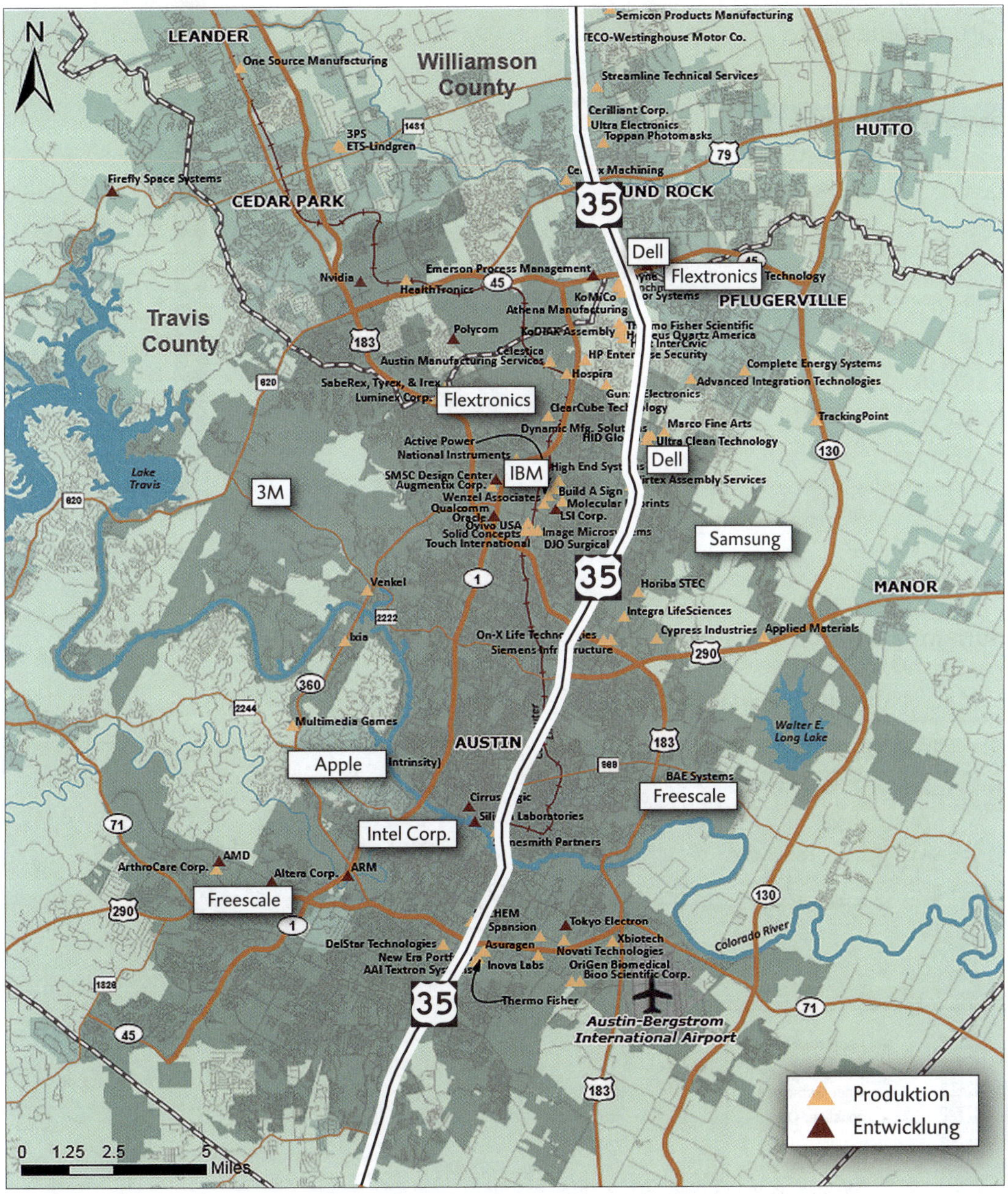

eigene Darstellung nach: www.austinchamber.com 2015

Hightech als Motor der wirtschaftlichen Entwicklung? – Das Beispiel Austin / Texas

M 6 **Texas – Regionale Besteuerung 2017**
Steuersätze für Unternehmen und Privatleute

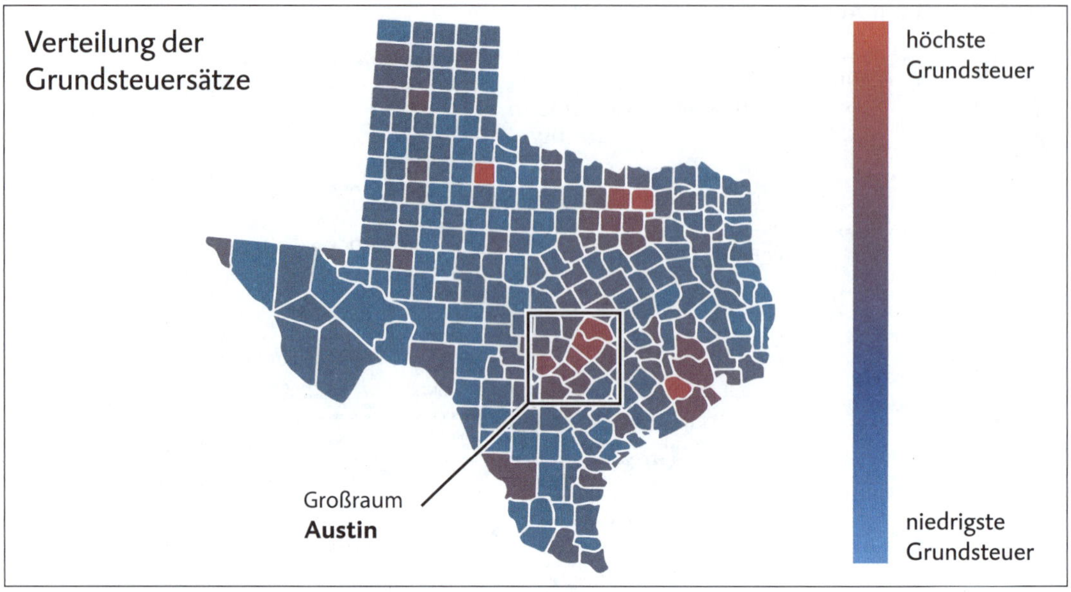

eigene Darstellung

Tourismus auf Boa Vista / Kapverden – eine modellhafte Entwicklung?

M 1 **Übersichtskarte Kapverden**

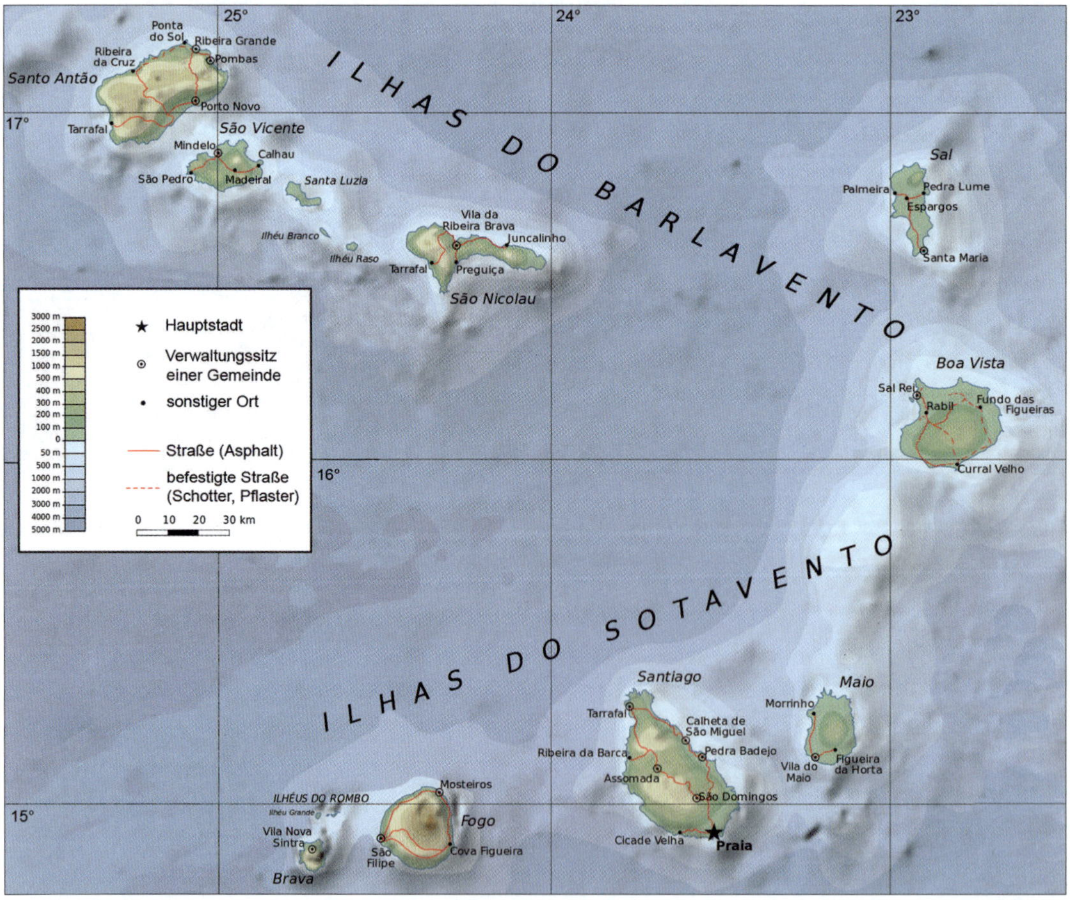

Quelle: Mysid; liz. unter cc-by-sa 4.0 international via wikimedia